Antonio Sanchez

A, T, O
C, S, S

$15.600

SANAR ES UN VIAJE

Dr. O. Carl Simonton
Reid M. Henson
Brenda Hampton

Sanar es un viaje

EDICIONES URANO

Título original: *The Healing Journey*
Editor original: Bantam Books
Traducción: Marta I. Guastavino

Enrique Granados, 113, pral. 1.ª - 08008 Barcelona

ISBN: 84-7953-044-8
Depósito legal: B-12.193 - 1994

Fotocomposición: Master-Graf, S.L. - Trilla, 8 - 08012 Barcelona
Impreso por Romanyà Valls, S.A. - Verdaguer, 1 - 08766 Capellades

Printed in Spain

Índice

SEGUNDA PARTE

Las cartas de Reid Henson

Creo que vienen por la curación, pues al oír las penas, los anhelos y las verdades de otras vidas, tanto si son [...] débiles como perfectas [...], ven el hilo común, que no tiene nada que ver con el hecho de que sean hombres o mujeres, jóvenes o viejos, blancos o negros, ricos o pobres, famosos o anónimos, sino con esta avidez profunda, duradera e inexorable de una curación que se produzca en todos nosotros y entre todos nosotros...

MICHAEL LALLY
The Healing Poem

Introducción

Con este libro le invito a iniciar su viaje hacia la salud. Le pido que considere que sólo puede ponerse en camino desde el punto en que se encuentra en su experiencia vital, no desde donde quisiera estar; y sé que para muchas personas este viaje se inicia con el diagnóstico de cáncer o de alguna otra enfermedad que pone en peligro su vida.

Se trata de un lugar muy difícil para comenzar, pero es también una posición muy poderosa, porque ahora usted tiene una razón apremiante para aprender cualquier cosa que necesite saber para cambiar el curso de su enfermedad y de su vida. Y si bien el camino que le espera será difícil, quiero asegurarle que también puede ser alegre: un proceso que, aunque implica trabajo y responsabilidad, le propone, sobre todo, que descubra qué le apasiona y lo motiva en la vida, y de qué manera puede usarlo para establecer una armonía con el mundo que lo rodea y recuperar así la salud.

En 1978, cuando escribí junto con otros autores el libro *Recuperar la salud,* sabía que las técnicas que usaba funcionaban, y en estos momentos la ciencia médica ya sabe mucho mejor cómo funcionan y por qué. A lo largo de la última década, mientras seguía puliendo y expandiendo mis técnicas, encontré que la manera más eficaz de abordar el cáncer es aquella que implica los procesos físicos, mentales y espirituales que identifican sistemáticamente los problemas relacionados con la enfermedad y producen metódicamente los cambios que conducen a la salud.

Después de colaborar en aquel libro, aprendí mucho sobre la curación y me encontré con algunos pacientes notables. Voy a presentarle a uno de ellos, Reid Henson. Juntos lo seguiremos por el camino que lo llevó de un diagnóstico terminal a la salud, lo cual le proporcionará una visión en profundidad de cómo funcionó el programa para una persona en concreto, y a nosotros nos permitirá mostrarle cómo también usted puede valerse creativamente del programa para encontrar su propia manera de realizar este trabajo.

Además, le ofreceré enfoques y técnicas alternativas, y le iré enseñando cómo establecer un programa para la salud que se adapte especialmente a su propia situación.

Desde 1971 he estado practicando un enfoque a la vez físico, mental y espiritual del cáncer. He tratado a miles de personas, y mis pacientes tienen un índice de recuperación relativamente alto, incluso en los casos que se suele considerar «terminales». Sé que cada paciente tiene sus propias dificultades en la vida, pero también sé que afrontar los problemas que a cada cual se le presentan es muy importante para recuperarse.

A través de este libro, usted tendrá acceso al programa del Simonton Cancer Center, y con ello la oportunidad de participar en la mejora de su propia salud. Si lo utiliza del modo adecuado, probablemente encontrará algo para hacer por su salud día a día, por lo menos durante un año a partir de ahora. Y si se siente solo (o sola) o siente que su enfermedad le desconecta de los demás, encontrará un gran consuelo y mucha fortaleza en las cartas de Reid Henson. Se trata de un territorio donde él ha estado y que conoce muy bien. Sabe lo que se siente al luchar durante muchos años con el cáncer, y también lo que se siente al recuperar la salud.

Espero que piense en nosotros como un equipo formado por un médico y un paciente que le ofrecen su ayuda con amor, comprensión y una enorme esperanza de que se recupere.

Dr. O. Carl Simonton

PRIMERA PARTE

El programa del Simonton Center

1

Cuerpo, mente y espíritu

Cómo combatimos el cáncer y otras enfermedades graves

Fueron los pacientes de cáncer —no los médicos ni los psicólogos, sino los pacientes de cáncer— quienes hicieron que me interesara en la conexión existente entre el cuerpo y la mente. Se me despertó el interés en este campo durante mi primer año de médico residente, cuando descubrí que no podía conseguir que los pacientes con un cáncer avanzado siguieran su tratamiento con un espíritu positivo. No veían razón alguna para participar en él, porque no tenían confianza en su capacidad de recuperarse. Se sentían desesperanzados.

Antes de esa experiencia, durante mi internado, ya había hecho varios descubrimientos ampliamente reconocidos en los aspectos básicos de la biología celular y de la biología de la radiación, de modo que estaba convencido de que formaría parte de alguno de los equipos dedicados a encontrar y experimentar una cura para el cáncer. Estaba decidido a ser uno de los principales oncólogos especializados en radiación de Estados Unidos. Durante mi internado me habían elegido «interno del año» y ahora regresaba a la Facultad de Medicina de la Universidad de Oregón a cumplir el anhelo de realizar allí mi residencia. Eran momentos muy importantes en mi vida.

Me sentía totalmente seguro de que era capaz de contribuir

al descubrimiento de una cura para el cáncer, pero hasta ese momento no se me había ocurrido que el paciente pudiera tener algo que ver con el hecho de que un tratamiento funcionara o no. Me sorprendía el hecho de que muchos de mis pacientes no mostraran motivación alguna para mejorar. No sólo no tenían confianza en su propia capacidad de recuperarse, sino que tampoco la tenían en mí ni en ningún otro médico que los tratara. Entonces empecé a considerar este problema y a investigar la posibilidad de conseguir que los pacientes se comprometieran voluntariamente en su tratamiento, en la creencia de que así se incrementaría su eficacia.

En mi empeño por encontrar maneras de movilizar los recursos internos de mis pacientes, estudié meditación, visualización, pensamiento positivo, filosofías orientales, chamanismo, caminar sobre brasas, el método Silva de control mental y muchísimos otros enfoques, incorporando a mi trabajo lo que de ellos aprendía. Con mis colegas del Cancer Counseling and Research Center de Forth Worth ideamos muchos métodos, que produjeron cambios espectaculares en las actitudes de mis pacientes y en su manera de responder al tratamiento médico. De 1974 a 1981 llevamos a cabo un estudio de los resultados obtenidos con nuestros pacientes, y encontramos que su tiempo de supervivencia duplicaba las cifras de supervivencia consignadas por otros importantes centros oncológicos, y triplicaba con creces los promedios nacionales de supervivencia de personas con cáncer igualmente avanzado. Presenté mi primer informe sobre este trabajo en la Conferencia Mundial del Cáncer celebrada en 1978 en Buenos Aires, y posteriormente publiqué *Recuperar la salud,* un trabajo en el que poníamos nuestros métodos al alcance del público en general.

Las pruebas científicas de nuestro enfoque

Los resultados finales de aquellos siete años de estudio fueron comunicados a otros profesionales en el encuentro anual de la Asociación Médica Australiana en febrero de 1981. Mi equipo y yo habíamos investigado las cifras de supervivencia de personas con cáncer de pulmón, cáncer de intestinos y cáncer de mama, todos ellos avanzados. En las tres categorías, observamos que en nuestro estudio los tiempos de supervivencia aproximadamente duplicaban los observados en los principales oncológicos del mundo entero.

Uno de los puntos más fuertes de nuestro estudio era el seguimiento. Habíamos podido realizar informes de seguimiento en el 98 por ciento de nuestros pacientes, pese al hecho de que provenían de todas partes de los Estados Unidos y de muchos países extranjeros. El aspecto más débil del estudio era que sólo habíamos podido efectuarlo sobre nuestra propia población de pacientes, un grupo seleccionado, sin poder contar con la distribución aleatoria y el control de poblaciones comparables, requisitos necesarios para alcanzar un máximo de credibilidad científica. Ése habría sido el paso siguiente, pero la limitación de nuestros fondos nos impidió continuar.

Sin embargo, en la actualidad se ha completado un estudio de estas características, cuyos resultados se publicaron en octubre de 1989. La investigación, realizada en la Universidad Stanford y en la Universidad de California en Berkeley, aplicó las normas más elevadas de comprobación científica. Los investigadores estudiaron a mujeres con cáncer de mama avanzado, y los resultados, que fueron presentados por el doctor David Spiegel, de Stanford, son muy interesantes. En su estudio controlado hicieron el seguimiento de cincuenta mujeres que solicitaron ayuda psicológica. En nuestra población seleccionada teníamos setenta y una mujeres. Ellos obtuvieron un tiempo medio de supervivencia de 36,6 meses en el grupo que recibía ayuda psicológica; el nuestro era de 38,5. La supervivencia en su grupo de control —mujeres que no solicitaron ayuda psicológica— fue de 18,9 meses; la supervivencia de nuestra población de control, basada en cifras tomadas de otros centros, era de 18,0 meses.

Estos resultados son especialmente satisfactorios porque, como ha admitido espontáneamente el doctor Spiegel, los investigadores habían empezado a trabajar con el fin de desmentir la afirmación de que el hecho de recibir ayuda psicológica podía afectar a la supervivencia. En cambio, trabajando con una objetividad admirable, han reforzado nuestras conclusiones con los resultados de una investigación clínica de primerísimo orden.

Algunos de nuestros pacientes en el Simonton Cancer Center están muy interesados en estas investigaciones, y en las páginas siguientes me gustaría presentar a grandes rasgos otras pruebas de nuestro enfoque de la relación entre mente y cuerpo. Otros pacientes, sin embargo, sienten de manera intuitiva que este enfoque es el adecuado para ellos y quieren empezar directamente con el trabajo. Si tal es su caso, siéntase libre de saltar al siguiente apartado: «Nuevos hallazgos, nuevas conclusiones».

Actualmente, las pruebas científicas de la conexión entre la mente y el cuerpo ocupan los titulares de los periódicos, pero los médicos de cabecera han observado la existencia de esta conexión desde que se empezó a llevar constancia escrita de la historia de la medicina. El primer enunciado referente a la relación entre las emociones y el cáncer de que yo tenga noticia lo formuló en el año 140 de nuestra era Galeno, el antiguo médico griego que observó y registró la relación entre depresión y cáncer de mama. E incluso antes, en los escritos de Platón, Sócrates se refiere varias veces a la importancia de tratar la mente y las emociones para curar la enfermedad. Sócrates sostenía que no hacer caso de esta relación equivalía a ser un médico incompleto.

Esta sabiduría clínica siguió vigente hasta los comienzos del siglo XX. Lawrence LeShan, a quien considero una de las principales autoridades en la historia de los aspectos psicológicos del cáncer, llevó a cabo una amplia revisión de los libros de medicina escritos entre 1800 y 1900. En su reciente obra *Cancer as a Turning Point,* LeShan expresa que de los diecinueve libros que estudió, sólo uno no contenía alguna afirmación similar a ésta: «Evidentemente, la historia de la vida emocional [los libros usaban expresiones diferentes, pero el significado era el mismo] desempeña un importante papel en la tendencia de la persona a tener cáncer y en el progreso de esta enfermedad».

Entretanto, sin embargo, la medicina iba en dirección opuesta. En su larga pugna por asentar su disciplina sobre una base científica, los médicos habían llegado a rechazar el papel que desempeñan en la salud la mente y el espíritu, relegándolo al «misticismo» del pasado. Y el enfoque «científico», que considera el cuerpo como una máquina que se puede reparar, consiguió realmente avances espectaculares en la comprensión y el tratamiento de la enfermedad. En la época en que inicié mi práctica médica, este modelo dominaba nuestra cultura, las facultades de medicina y todas nuestras instituciones médicas. Los pacientes nos pedían que les «arregláramos» el cuerpo, y nosotros estábamos ansiosos de hacerlo.

Se produjo un nuevo giro en la década de los sesenta, cuando la prestigiosa Academia de Ciencias de Nueva York auspició dos conferencias, ambas con el título de «Los aspectos psicofisiológicos del cáncer». Estas conferencias recopilaban las principales investigaciones sobre el tema realizadas en el mundo entero. Algunos de los artículos más importantes de la década se presentaron en estas conferencias, y más adelante fueron publicados en los *Annals of the New York Academy of Sciences* (enero de 1966 y octubre de 1969). Juntos, representan los principales trabajos (realizados tanto sobre observaciones clínicas como sobre investigaciones hechas con animales) que analizan detalladamente las relaciones recíprocas entre la mente, las emociones y el cáncer.

En 1973, la doctora C. B. Thomas, de la Johns Hopkins Medical School, publicó un informe sobre su estudio de los factores psicológicos como factores de predicción de cinco estados de enfermedad. Publicado en el *Johns Hopkins Medical Journal,* fue uno de los primeros estudios prospectivos, es decir, que se centraron en las características psicológicas de las personas antes de que se les hiciera el diagnóstico. La enfermedad más claramente relacionada con rasgos psicológicos era el cáncer. Las observaciones de la doctora Thomas se basaban en treinta años de datos prospectivos, y su conclusión era que las siguientes características predisponían a que a una persona le apareciera un cáncer:

- Responder a las fuertes tensiones con un sentimiento de desesperanza.
- Reprimir las emociones o darles salida de manera perjudi-

cial.

- Ser consciente de una falta de comunicación con el padre o la madre o con ambos.

Ahora son muchos los profesionales de la medicina que han comprobado los efectos que la desesperanza y la represión de las emociones tienen sobre la salud. Por ejemplo, Leonard Derogatis, de la Johns Hopkins, y Stephen Greer, del Kings College Hospital de Londres, se han centrado en los rasgos de personalidad y en las estrategias de manejo psicológico como factores de predicción de las cifras de supervivencia en mujeres con cáncer de mama. Sus conclusiones son similares, en cuanto establecen que las estrategias de manejo psicológico están relacionadas con la supervivencia. La tasa de supervivencia más elevada se ha asociado con las mujeres a quienes se puede describir como de espíritu combativo, y la más reducida con las que se sienten desesperanzadas. En la actualidad, la doctora Greer está investigando para comprobar si es posible cambiar las estrategias de manejo psicológico, y si con ello se puede modificar la tasa de supervivencia.

Creo que las respuestas son que efectivamente las estrategias se pueden cambiar, y que con ello se modifica la tasa de supervivencia. En nuestra propia experiencia hemos visto ejemplos muy claros de esto, aunque por supuesto hay dominios que aún es necesario evaluar extensamente con nuevas investigaciones. Todavía nos queda mucho por descubrir, no sólo sobre la relación entre personalidad y enfermedad, sino también sobre cómo interactuar con la personalidad y cambiarla para disminuir la incidencia de la enfermedad e incrementar las perspectivas de curación de quienes ya la han contraído.

En el estudio de los aspectos psicológicos de la enfermedad, creo que el trabajo más importante realizado por un solo investigador es el de Ronald Grossarth-Maticek, psicólogo yugoslavo que trabaja en estos momentos en la Universidad de Heidelberg, en Alemania, y que recientemente ha colaborado con el destacado psicólogo británico Hans Eysenck. Maticek empezó a estudiar los tipos de personalidad propensos a la enfermedad a mediados de los años sesenta. Clasificó a las personalidades propensas al cáncer como personas desesperanzadas y con emociones reprimidas, y a las propensas a la enfermedad cardíaca como personas cuyos principales problemas se centran en la hostilidad y la agresividad.

Maticek hizo un estudio de seguimiento de 1300 yugoslavos durante más de diez años. Aun cuando no hubieran sido todavía diagnosticados, Maticek llegó a predecir su muerte por cáncer o por enfermedad cardíaca con una precisión estadísticamente significativa. En otro estudio, dividió a los sujetos con personalidades propensas a la enfermedad en dos grupos; la mitad de los integrantes de cada uno de ellos fueron tratados psicológicamente, y la otra mitad, no. Maticek comprobó que los primeros podían alterar las cifras de mortalidad por cáncer y por enfermedad cardíaca. Este apasionante trabajo mostró por primera vez que mediante el tratamiento psicológico es posible prevenir el cáncer en aquellas personas psicológicamente predispuestas a padecerlo. Los métodos que utilizó Maticek incluían la relajación, desensibilización, aprendizaje por observación, sugestión, hipnosis, visualización y otras técnicas conductistas estándar, algunas de las cuales aprenderá el lector a lo largo del libro. Más adelante, Maticek repitió estos estudios con Hans Eysenck. Con apenas seis horas de terapia de grupo, ambos encontraron que podían alterar significativamente las cifras de mortalidad, tanto en el caso del cáncer como en el de las enfermedades cardíacas.

En otro estudio, los dos investigadores hicieron el seguimiento de veinticuatro pacientes de cáncer que completaron un programa de terapia psicológica, y compararon su progreso con el de veinticuatro pacientes que no recibieron este tratamiento. Comprobaron que el tiempo medio de supervivencia fue de cinco años para el primer grupo y de tres para el segundo. Los resultados son comparables con los de nuestro trabajo y con los del trabajo realizado en la Universidad de Stanford y en la Universidad de California en Berkeley.

Según mi opinión, el estudio más sorprendente es el que llevó a cabo Maticek con cien mujeres afectadas de cáncer de mama en etapa «terminal». A las cincuenta que eligieron no someterse a quimioterapia para el cáncer de mama avanzado se las comparó con las cincuenta que optaron por recibirla. Los tiempos de supervivencia fueron los siguientes:

- Todas las mujeres que no recibieron ningún tipo de terapia tuvieron una media de once meses de supervivencia.
- Entre las que recibieron solamente quimioterapia, el tiempo medio de supervivencia fue de catorce meses.
- Entre las que recibieron solamente terapia psicológica, el tiempo medio de supervivencia fue de quince meses.
- Entre las que recibieron quimioterapia y terapia psicológica, el promedio de supervivencia fue de veintidós meses.

Se ha de tener presente que se trataba de mujeres con cáncer de mama en etapa avanzada, y que éstos son tiempos de supervivencia medios, lo cual significa que algunas mujeres murieron antes y otras sobrevivieron mucho más tiempo.

Los resultados de Maticek confirman científicamente lo que muchos de los que trabajamos en este campo hemos creído durante años, hasta el punto de actuar basándonos en esta creencia: que el mejor tratamiento para el cáncer consiste en recurrir a lo mejor que tiene para ofrecer la medicina contemporánea, presentándolo de manera estimulante, unido a lo mejor que tiene para ofrecer la psicología moderna. Los resultados son mejores que los obtenidos en solitario por la quimioterapia, otros tratamientos médicos o la terapia psicológica.

El apoyo más reciente a este enfoque lo ha proporcionado el estudio realizado por Dean Ornish con personas en tratamiento por enfermedad coronaria grave, del que informó primero en la revista *Lancet* en julio de 1990, y luego en su libro *Reversing Heart Disease.* A un grupo de pacientes se le preparó psicológicamente para que cambiaran su estilo de vida en los mismos ámbitos que nosotros recalcamos a nuestros pacientes, incluyendo ejercicio, dieta, relajación y trabajo con grupos de apoyo. El segundo grupo recibió solamente el tratamiento médico estándar. El doctor Ornish consigna que el 82 por ciento del grupo que recibió el tratamiento psicológico presentó una inversión de la obstrucción arterial; en el grupo de control, la obstrucción empeoró en un 53 por ciento de los casos.

Otra cuestión importante es en qué momento se ha de incorporar la terapia psicológica al programa sanitario de un paciente. Los profesionales de la medicina saben desde hace tiempo que hay momentos adecuados para abordar con los pacientes el tema de los problemas emocionales relacionados con la enfermedad, y uno de los principales investigadores en este campo es Kristina Brode, de Alemania.

Según ella, los pacientes que experimentan el fuerte golpe emocional que representa recibir un diagnóstico de cáncer, o la noticia de la recurrencia de la enfermedad tras un intervalo importante de remisión, suelen manejar la situación respondiendo con estrategias defensivas, entre las cuales se incluye la negación. Pueden dar la impresión de una calma sorprendente, o bien hacer planes para seguir con su vida habitual, como si nada hubiera sucedido. Estas estrategias defensivas deben ser respetadas. En otras palabras, es probable que cuando reciba el diagnóstico inicial o el de una recurrencia, el paciente no esté bien dispuesto hacia el tratamiento psicológico. En estos momentos lo que necesita es un apoyo tranquilizador y afectuoso, y es probable que reaccione bien ante sencillas técnicas de relajación y un masaje suave. Sin embargo, éste puede ser el momento adecuado para que sus familiares y otras personas de su grupo de apoyo busquen un asesoramiento psicológico intensivo.

El trabajo de Brode muestra que el impacto producido por el diagnóstico inicial dura con frecuencia entre tres y seis meses. Las reacciones ante el diagnóstico de recurrencia, que son similares, duran generalmente de dos a cuatro semanas. Una de las preguntas clave que tienden a hacer los pacientes cuando están saliendo de este período de conmoción emocional y se preparan para asumir un papel más activo en su proceso curativo es: «¿Qué puedo hacer para recuperarme?». Si a una persona afectada de cáncer se le impone el tratamiento psicológico antes de que esté preparada para recibirlo, lo más probable es que caiga en la desesperanza.

El trabajo de Brode muestra la importancia que tiene respetar el sentido de la oportunidad del paciente. Por ejemplo, si usted está leyendo este libro con la idea de dárselo a un familiar o amigo enfermo, hágase a la idea de que es probable que él —o ella— todavía no esté preparado para recibirlo. Usted puede decirle que cree que le sería de utilidad, pero deje que sea la persona misma quien elija el momento de leerlo.

Antes de abandonar el campo de las pruebas científicas, quiero mencionar otra disciplina importante y relativamente nueva, conocida como psiconeuroinmunología. Las anteriores investigaciones con pacientes han demostrado claramente que existe una conexión entre la mente y el cuerpo, pero no han explicado cómo funciona. En estos momentos, la psiconeuroinmunología nos está proporcionando algunas respuestas, ayudándonos a entender mejor cómo se transforman las emociones en sustancias químicas (moléculas de información) que influyen en el sistema inmunitario y otros mecanismos de curación del cuerpo. Algunos de los trabajos más interesantes en este campo se deben a la doctora Candace Pert, ex directora de bioquímica cerebral en el Instituto Nacional de Salud Mental de los Estados Unidos. Pert fue uno de los descubridores de los neuropéptidos, receptores de mensajes químicos que intervienen en la comunicación de las emociones. Su descubrimiento se remonta a 1973, y desde entonces se ha conseguido identificar más de cincuenta neuropéptidos.

En la actualidad sabemos que en el cuerpo hay por lo menos tres sistemas que pueden trasladar las emociones al nivel físico. Uno es el sistema endocrino, que se comunica mediante las hormonas; el segundo es el sistema nervioso, que se conecta directamente con los glóbulos blancos, y el tercero es la familia de las moléculas de comunicación, que incluye los neuropéptidos, los neurotransmisores, los factores de crecimiento y las citocinas, que influyen en la actividad celular, en los mecanismos de división celular y en el funcionamiento genético.

Merced a los nuevos avances tecnológicos, los científicos pueden ver en el laboratorio que ciertas fibras nerviosas terminan efectivamente sobre la superficie de ciertos glóbulos blancos, lo que constituye la prueba física de que estos glóbulos reciben mensajes directos del sistema nervioso, mensajes que se originan en el cerebro. Los glóbulos blancos son los componentes clave del sistema inmunitario: trabajan para identificar y eliminar elementos extraños, tales como las bacterias y las células cancerosas. De modo que ahora es efectivamente posible observar en el laboratorio el proceso físico de cómo un mensaje proveniente del cerebro influye en el sistema inmunitario.

Nuevos hallazgos, nuevas conclusiones

Creo que a partir de esta visión global el lector puede comprobar que existen muchas investigaciones que fundamentan las observaciones de que el estado anímico influye en la evolución y el curso del cáncer y de otras enfermedades graves. En mi opinión, la investigación realizada para demostrar que la mente influye en el cuerpo ya es definitiva. Y creo que ahora el campo que más interesa estudiar es la forma en que se puede usar la mente para influir con el máximo de eficacia en el cuerpo. Durante los últimos diez años, éste ha sido el objeto central de mi trabajo.

Creo que el poder de la mente va mucho más allá de lo que pensé al comienzo. Y también creo que, además del cuerpo y de la mente, hay otro aspecto de la sanación que es necesario abordar: el espiritual.

El diccionario define «espíritu» como el principio vital, especialmente en los seres humanos, y la parte de nuestra vida que tiene que ver con el sentimiento y la motivación. Trabajar con el espíritu significa reforzar nuestra conexión con este principio vital, significa preguntarnos por qué estamos en este planeta y cuál es nuestro propio y particular propósito en la vida.

Nuestro trabajo con los pacientes ha demostrado que tanto el cuerpo como la mente y el espíritu intervienen en la salud. Y si bien es posible usar sólo la mente para influir en el estado físico, se la usará con más eficacia si se es consciente del espíritu.

El espíritu nos brinda recursos a los que no podemos tener acceso con los enfoques psicológicos tradicionales. Nos abre a fuerzas sanadoras que van mucho más allá del entendimiento que actualmente tenemos de nuestros propios límites. Y podemos aprender a hacer que este poder se integre en nuestra vida.

Esta conclusión será probablemente tan difícil de demostrar en el laboratorio como lo fueron mis primeros hallazgos. Sin embargo, nuestra experiencia cotidiana nos ha llevado a concebir nuevos métodos para comunicarnos y trabajar con el espíritu, y estoy seguro de que lo que he aprendido de mis pacientes es válido. Si para demostrarlo son necesarios diez, veinte o cien años, a mí me da lo mismo. Mientras la investigación continúe, iré comunicando lo que descubra.

Permítame resumir lo que he aprendido:

- Las emociones influyen significativamente en la salud y en la curación de la enfermedad (un concepto que ciertamente incluye el cáncer). Las emociones son una fuerza que ejerce una gran influencia en el sistema inmunitario y otros sistemas de curación del cuerpo.
- Las creencias influyen en las emociones y, por medio de ellas, en la salud.
- Usted puede influir significativamente en sus creencias, actitudes y emociones, es decir, que puede influir significativamente en su salud.
- La manera de influir en las creencias, actitudes y emociones se puede enseñar y aprender mediante el uso de diversos métodos, que existen y a los que se puede acceder.
- Todos los humanos somos seres físicos, mentales y espirituales. En el amplio contexto de la sanación es necesario tener en cuenta todos estos aspectos, centrándonos en las necesidades y predisposiciones particulares de la persona enferma, su familia, su comunidad y su cultura.
- La armonía, es decir, el equilibrio entre los aspectos físico, mental y espiritual del ser, es fundamental para la salud. Este concepto no solamente incluye la salud mental y corporal del individuo, sino también sus relaciones consigo mismo, con su familia y sus amigos, con su comunidad, nuestro planeta y el universo.
- Tenemos tendencias y capacidades inherentes (genéticas e

instintivas) que nos ayudan a caminar hacia la salud y la armonía.

- Es posible cultivar y poner en funcionamiento de forma significativa estas capacidades inherentes valiéndose de técnicas y métodos probados.
- A medida que cultivamos estas capacidades inherentes, nuestra destreza va en aumento, igual que cuando aprendemos otras posibilidades. El resultado es una mayor armonía y una mejor calidad de vida, que influyen de manera significativa en nuestro estado de salud.
- Este aprendizaje modifica también nuestra relación con la muerte, en cualquier momento en que haya de venir, disminuyendo el miedo y el dolor y liberando más energía para mejorar nuestra vida y vivir con mayor plenitud.

Antes de que se solidarice con estas observaciones o las deseche, le pido que use este libro para investigar si lo que yo he aprendido vale o no para usted y que saque sus propias conclusiones basándose en su experiencia.

No decida de antemano que sus opiniones sobre lo «espiritual» lo excluyen de este trabajo. En nuestro centro hemos tratado a un número importante de ateos, y siempre han podido encontrar formas de expresar su experiencia que les han resultado cómodas y significativas.

Recuerde también que no le estoy pidiendo que excluya lo que pueden hacer por usted sus médicos. En realidad, la mayor parte de nuestro trabajo ayuda a la gente a cooperar de forma más activa en su tratamiento con el equipo que se ocupa de su salud. Lo que le sugiero es que usted puede ir aún más lejos en lo que se refiere a influir en su propia salud.

Como es probable que algunos de los conceptos referentes a la relación entre el cuerpo, la mente y el espíritu le parezcan difíciles al principio, vamos a mostrarle de qué manera se reflejan en la experiencia de Reid Henson, un paciente de cáncer cuya supervivencia sobrepasa ya los doce años. Reid es un hombre que en 1979 recibió un diagnóstico terminal: le dijeron que no había ningún tratamiento eficaz para el cáncer que padecía, y sin embargo sigue vivo y bien.

La experiencia de Reid nos puede enseñar mucho sobre la dinámica del cáncer. Podemos fijarnos en por qué enfermó —y por qué todos somos vulnerables al cáncer— y en por qué se recuperó, ejercitando una capacidad que también compartimos todos. Ésta es la oportunidad perfecta para investigar y aprender todo lo que podamos sobre cualquier cosa que pueda clarificarnos el proceso de enfermar de cáncer y recuperar la salud. Y lo haremos sin prescindir de lo que se ha aprendido de la totalidad de los trabajos médicos y científicos sobre el cáncer.

En cuanto paciente de cáncer, Reid es muy interesante, porque se ha pasado más de diez años estudiando su enfermedad en relación con su vida y con la Vida en sí misma. Durante los últimos años, mediante una serie de cartas, ha compartido con otros pacientes de cáncer lo que ha ido aprendiendo. En este libro usted podrá leer esas cartas, que están llenas de ideas, intuiciones y sugerencias prácticas. Después de cada grupo de cartas, yo añado una información adicional y mi propia visión sobre el proceso de recuperación de Reid, además de otras ideas y sugerencias prácticas para enfrentarse con el cáncer y con los desafíos que plantea.

A diferencia del enfoque estadístico, que está abierto a la interpretación de diversos expertos, esperamos dar al lector la oportunidad de estudiar la enfermedad y la curación de una manera que pueda tener sentido y ser útil en su propia situación. He comprobado que con frecuencia los pacientes entienden mejor lo que descubren por sí mismos.

Tal vez se esté preguntando si hacer el trabajo que le presenta este libro será realmente útil para usted, y eso quiere decir que ya ha iniciado su camino hacia la salud. Espero que su curiosidad se mantenga hasta que descubra precisamente lo que necesita saber para influir en el curso de su enfermedad y para mejorar globalmente su calidad de vida.

2

El testimonio de un paciente

La milagrosa curación de Reid Henson

Conocí a Reid Henson y a su mujer, Jana, en 1979, en una sesión que dirigí con nuevos pacientes. Después, Reid mantuvo una correspondencia regular conmigo para comunicarme sus progresos y sus problemas, y su interés se prolongó en lo que con el tiempo llegó a ser su serie de cartas a pacientes de cáncer. Hoy, tras haber trabajado con él y observado su proceso curativo durante más de diez años, conozco bien su historia. Aunque hablaré de Reid desde mi punto de vista de médico especializado en el tratamiento del cáncer, pensé que él mismo debía contar todo lo referente a su experiencia con el cáncer.

La historia de Reid contada por él mismo

En 1979 me diagnosticaron una extraña forma de cáncer, conocida como tricoleucemia (o «leucemia de células pilosas»), y me dijeron que tenía una esperanza de vida de un par de años en el mejor de los casos. La comunidad médica no disponía en aquel momento de ningún tratamiento eficaz para ofrecerme. Pero antes de hablar de mis experiencias con el cáncer, me gustaría decir algo sobre mi vida antes del diagnóstico.

Tercer hijo varón de mis padres, nací en Gainesville, Florida, en 1939. Mi familia era modesta, y yo viví en la misma casa hasta que me casé. Fui a la escuela en Gainesville, en 1962 me licencié en empresariales en la Universidad de Florida, y poco después de licenciarme ingresé en las Fuerzas Aéreas de los Estados Unidos. Cumplida mi obligación militar, entré a trabajar en el departamento comercial de una importante empresa automovilística de Detroit, donde adquirí una amplia experiencia en la aplicación de la tecnología de los ordenadores a los retos comerciales. Más adelante trabajé como asesor de empresas y me especialicé en la aplicación de la informática a problemas de comercialización, ventas y distribución.

En 1975 me mudé a Chattanooga, Tennessee, donde trabajé en una gran fábrica embotelladora de bebidas no alcohólicas. Mi trabajo consistía básicamente en montar una empresa que supervisara las operaciones de embotellado en varios estados. Durante el primer año sólo pasé trece noches en mi casa de Lookout Mountain, cerca de Chattanooga. Hacía varios años que estaba divorciado, y en aquel momento de mi vida, el trabajo me venía muy bien como escapatoria. Cuando no estaba trabajando, me pasaba el tiempo haciendo ejercicio y practicando deportes. Para un hombre de cuarenta años, estaba en excelente forma física. Además, mi vida sentimental era muy activa.

Como cabe imaginar, mi dedicación al trabajo, el ejercicio y las aventuras amorosas me absorbían la mayor parte del tiempo y la energía, así que no me detuve a pensar demasiado en mi vida, que en los años previos a mi mudanza a Chattanooga se había vuelto complicada y llena de tensiones. No había llegado a reconocer que aún seguía teniendo dificultades emocionales por la muerte prematura de mi hijo menor, más de diez años atrás, y también por mi fracaso matrimonial. Ni siquiera había empezado a afrontar aquellas dificultades. Además, mi otro hijo se había convertido en un verdadero problema para mi ex mujer, y finalmente, para mí también.

Antes de mudarme a Chattanooga, cuando tenía catorce años, Rob pasó un verano conmigo en Denver, Colorado. Su madre lo encontraba muy difícil de manejar, pero cuando estuvo conmigo parecía casi un ángel... hasta que llegó el otoño y se acercaba el momento de volver con su madre. Me preguntó si podía quedarse conmigo en Denver, me lo suplicó incluso, pero insistí en que volviera, pensando que era imposible que viviera conmigo, ya que en aquella época cambiaba de casa muy a menudo y viajaba continuamente. Unos días antes de la fecha convenida para su partida, mientras estaba trabajando, recibí una llamada del departamento de policía. Tenían detenido a mi hijo por haber dado una paliza a otro adolescente. Me quedé absolutamente horrorizado por su comportamiento. Me comprometí a hacerme cargo de los gastos de la asistencia médica que había necesitado el chico a quien había golpeado, pagué la fianza de mi hijo y lo metí en un avión de vuelta a Atlanta, con el acuerdo de traerlo de nuevo a Colorado para la audiencia.

Tras haber regresado a Atlanta con su madre, el comportamiento de Rob fue de mal en peor. Finalmente, cuando me mudé a Chattanooga, mi ex mujer insistió en que me hiciera cargo de él. Como yo seguía viajando mucho, comprendí que tenía que encontrar alguna manera de tenerlo bajo control y lo matriculé en una escuela privada para muchachos, de Chattanooga, en la que admitían internos. Después de unos meses, lo echaron. Se sospechaba que había participado en algún asunto de drogas, pero yo no podía creer que eso fuera cierto. Rob me juró que era inocente.

Lo matriculé en otra escuela, y también lo echaron. Yo no podía entender qué le pasaba, y al parecer él tampoco.

—Papá —solía decirme—, siento muchísimo esto de seguir haciendo cosas que te duelen o te ponen en dificultades. No lo hago con mala intención; en realidad no sé por qué lo hago.

Me gustaría describir sólo un episodio para que se vea claramente lo que ambos pasamos. Una semana yo había estado fuera por un viaje de negocios difícil e importante, y al volver me encontré con mi casa nueva, que me había costado los ahorros de toda la vida, totalmente patas arriba. Era evidente que en mi ausencia mi hijo la había usado para una fiesta desenfrenada, pero no había tenido la consideración suficiente para limpiar el desastre, ni siquiera se había preocupado por esconderlo para evitar una confrontación. Me quedé aturdido. Parecía como si alguien hubiera robado el contenedor de basura de un bar y hubiera ido a vaciarlo a mi sala de estar. Además, en diversos lugares de la pared alguien había hecho agujeros. Necesité varios días para encontrar a mi hijo y hacer que se enfrentara con la situación. En esos momentos solía desaparecer durante varios días, diciendo que se quedaba en casa de tal o cual amigo.

Parecía totalmente azorado al ver que las cosas se habían descontrolado tanto, y lo mismo me pasaba a mí. Tal como lo había hecho antes repetidas veces, se disculpó y parecía que lamentara sinceramente lo que había hecho.

—Papá, no sé por qué hago estas cosas —me dijo más de una vez, y más de una vez yo le respondí:

—No me vengas con esa mierda. Yo nunca hice nada semejante a esto cuando tenía tu edad.

En otra ocasión me llamó para preguntarme si quería que comiéramos juntos una pizza después del trabajo, y tras haberle dicho yo que me encantaba la idea, no apareció. A partir de entonces, se produjeron periódicamente episodios similares.

Después desapareció durante meses, y yo me pasé todo ese tiempo recorriendo la gama entera de las emociones. Pasaba de estar tan furioso con él que habría querido matarlo a angustiarme con la idea de que podía estar en alguna parte, herido y con miedo de llamar, o incluso muerto. Pero finalmente volvía, sólo para desaparecer de nuevo durante períodos cada vez más prolongados.

Tras haberse enterado de los problemas que tenía yo con mi hijo, uno de los asesores de mi empresa que trataba regularmente casos de alcoholismo y drogadicción me dijo que esa era la historia clásica de un chico profundamente atrapado por la droga. Yo no le creí; aunque el comportamiento de Rob era terrible, pensaba que no era más que un muchacho rebelde de diecisiete años. No podía creer que fuera un drogadicto. Sin embargo, a medida que aquel hombre seguía hablando empecé a ver que efectivamente mi hijo tenía todos los síntomas que describía, y que yo me había cegado ante la posibilidad de que las drogas formaran parte de su problema. Era obvio que en aquella época me faltaba información sobre ese tema. Como ya lo había llevado al psicólogo y había intentado disciplinarlo de todas las maneras que conocía, lo llamé para una confrontación con el asesor de mi empresa, y después le ofrecí varias opciones: un billete de ida hacia donde él quisiera, el enrolamiento en el ejército, una audiencia ante un juez para que lo internaran en una residencia para jóvenes incorregibles o someterse a un tratamiento antidroga en un centro especializado. Después de que hubo considerado durante unos minutos las opciones sin encontrar más que excusas para justificar por qué no podía aceptar ninguna, insistí en que eligiera, y optó por el tratamiento antidroga.

Pasé momentos realmente terribles enfrentándome con el hecho de que mi hijo era un drogadicto. Sentía que le había estropeado la vida, y eso me hacía sentir muy culpable. Finalmente me di cuenta de que él había estado pidiendo a gritos que lo ayudaran desde aquel verano en Denver, y de que yo lo había rechazado. Pensé que todo era culpa mía. Recuerdo haber estado en mi casa de Lookout Mountain leyendo una revista y, al ver un artículo sobre la leucemia, haber pensado que eso era lo que me merecía por haber echado a perder la vida de mi hijo. Pero, como era mi costumbre en aquella época, pronto me sumergí en el trabajo y en otras actividades e intenté sacarme aquellas ideas de la cabeza.

Durante ese período presté mucha atención a mi salud física, pero muy poca a lo que me estaba sucediendo mentalmente, y prescindí por completo de todo lo que fuera espiritual. Esto resume bastante bien el estado en que me hallaba cuando se inició la experiencia del cáncer. Ahora no albergo la menor duda de que mi incapacidad para afrontar con eficacia las situaciones de tensión en mi vida debilitó mi voluntad de vivir y me estropeó la salud. Los años siguientes fueron una de las épocas más difíciles que jamás haya pasado. Por otra parte, también fueron vitalmente interesantes y emocionantes, y me cambiaron la vida.

En octubre de 1978 ingresé en una conocida clínica de Texas para someterme a mi revisión médica anual. Siempre iba allí a hacerme un chequeo completo, y año tras año pasaba triunfalmente los exámenes físicos. Aquella vez me desempeñé muy bien en las diversas pruebas de fuerza y resistencia, pero en los análisis de sangre aparecieron un par de puntos cuestionables. Como yo me sentía estupendamente, no me preocupé, ni los médicos tampoco. Sin embargo, unas semanas después advertí una bajada espectacular en mi resistencia física.

Como llevaba un registro del ejercicio que hacía, sabía con exactitud cuál era mi rendimiento día tras día. Pensé que aquel cambio se debía simplemente a que estaba cansado y resfriado. En realidad no conocía la razón, pero mi resistencia física había bajado de forma notable. Seguramente fue la primera prueba tangible del cáncer que se manifestaba en mi cuerpo.

Retrospectivamente, me parece interesante señalar que esa espectacular bajada de mi resistencia física se produjo unos pocos días después de una experiencia laboral que me afectó mucho: en pocas palabras, me sentí totalmente maltratado tras haber hecho un trabajo excelente con la mejor de las intenciones. Me debatí con el problema del trato injusto al que a mi parecer estábamos sometidos yo y otras personas. Recuerdo haber pensado que la vida me resultaba cada vez más difícil.

Durante la primavera de 1979 tuve un resfriado tras otro, y después la gripe, y me sentía aplastado e incapaz de luchar con lo que me incomodaba tanto, fuera lo que fuese. Finalmente fui a ver al médico de mi empresa, un médico local que me habían recomendado muchísimo, pensando que él podría «volver a encarrilarme».

Tras someterme a numerosas pruebas, aquel doctor me enfrentó con una grave noticia. No estaba seguro de cuál era el diagnóstico, pero me dijo que podría ser cáncer, y que quería tener la opinión de un especialista.

Característico en mí, no quería decirle a nadie que quizá mi salud estuviera gravemente afectada, pero había una persona ante quien no podía mantener el secreto. Hacía algún tiempo que salía constantemente con Jana, que después se convertiría en mi mujer. Era imposible estar tanto tiempo con ella y ocultarle lo que sucedía, y Jana insistió en acompañarme cuando fuera a hacerme las pruebas.

Mi médico me mandó a un gran hospital, y allí me encontré con la colección más horrible de gente que jamás hubiera visto. El personal administrativo era desorganizado, persecutorio y hostil. En cada una de las salas de espera había sentados grupos de pacientes en diversos estadios de enfermedad, en compañía de familiares con aire de agotamiento. Como casi nunca había estado enfermo, ese ambiente me parecía sumamente incómodo. Además me costaba orientarme; tenía que seguir un pasillo para someterme a una prueba y después retroceder por otro para que me hicieran otra no menos antipática. Todo era muy confuso, intimidante y desagradable.

Una mañana, a Jana y a mí nos hicieron pasar a un diminuto cubículo donde nos esperaba un médico. Era el especialista con quien se había puesto en contacto mi médico, pero a quien yo aún no había llegado a conocer. Sentado frente a una mesita, tenía ante sí un gran archivo con los resultados de las pruebas y estaba examinando los papeles, con aire muy formal y preocupado. De pronto se levantó de un salto, salió corriendo al pasillo y le gritó a otro médico:

—Oye, Rick, aquí tenemos otro caso de leucemia de células pilosas, y lo diagnostiqué por teléfono. ¿Qué te parece?

Así fue como me enteré de que tenía cáncer. Tanto para Jana como para mí fue un golpe brutal contemplar a un ser humano tan insensible cuya primera preocupación era fanfarronear ante su colega por haber diagnosticado un cáncer por teléfono. Y ahí estaba yo... entre la espada y la pared. Se suponía que aquél era uno de los mejores especialistas, y que yo necesitaba de su ayuda, pero la forma en que me trató hizo que lo odiara instantáneamente.

Cuando volvió a entrar se sentó y procedió a decirme que tenía cáncer, y que lamentablemente era una leucemia de células pilosas, una enfermedad terminal. Dijo que le sorprendía que la tuviera alguien de mi edad y que como muy poca gente padecía esa forma de cáncer, la Administración no asignaba dinero para investigarla. Me dijo que no había ninguna razón para darme esperanzas, ya que en el mejor de los casos duraría más o menos un par de años. También me explicó que probablemente no sería la leucemia lo que me mataría, sino las complicaciones: una neumonía o alguna otra infección. Y terminó con estas palabras:

—Mire, a mí me encantaría morirme a los noventa y cinco años, jugando al tenis, corriendo detrás de las chicas y pasándolo en grande, pero las cosas no siempre salen así. A veces aparecen problemas, y desdichadamente usted tiene este problema y las perspectivas son horribles en el mejor de los casos. Tome su ficha, vaya al escritorio...

Y eso fue todo, más o menos.

Inicialmente reaccioné con una fuerte conmoción y una ardiente cólera, pero no mucho después de haberme enterado de mi diagnóstico, me sorprendió el recuerdo de algo que había pensado el año anterior.

Me recordé sentado en mi casa de Lookout Mountain, contemplando todos mis problemas y pensando que me merecía tener leucemia por haber estropeado la vida de mi hijo. ¿Era simplemente una terrible coincidencia, o había en realidad una conexión entre aquel profundo sentimiento de culpabilidad y mi diagnóstico? Aunque yo siempre había creído firmemente en el poder de la mente, era aterrador y escalofriante caer en la cuenta de lo que, al parecer, me había hecho inconscientemente. (Mucho más adelante, un psicólogo coincidió en que mi proceso había sido ciertamente peligroso.)

Quizá parezca una reacción bastante fría y analítica ante la noticia que había recibido, pero esa era, en aquella época, mi manera de tratar los problemas con los que me enfrentaba la vida. No es que no estuviera aterrorizado ante la idea de la muerte, porque ciertamente lo estaba, sino que por naturaleza tendía a ser muy analítico.

Era el verano de 1979, y Rob vivía de nuevo conmigo, después de haberse sometido al tratamiento de desintoxicación en una casa de acogida para drogadictos en Houston. Desdichadamente, su comportamiento se iba volviendo más y más intolerable a medida que pasaban los días. Una vez confirmado el diagnóstico, se lo comuniqué, esperando que eso le hiciera comportarse de un modo más considerado conmigo y responsabilizarse de sí mismo, ya que yo no podía ocuparme de él.

Los dueños de la casa de acogida de Houston donde él había estado querían abrir otra en Chattanooga, y yo les ayudé en el proyecto. A estas alturas todavía seguía centrando mis esfuerzos en cosas externas. No sabía qué hacer por mí, de modo que pensé que Dios vería que estaba ayudando a aquellas personas en un proyecto que valía la pena y lo tendría en cuenta.

Además seguí trabajando, porque pensaba que lo mejor era que me interesara por mi trabajo tanto como me fuera posible. Naturalmente, hablé del cáncer con mi jefe y con algunos de mis subordinados. Tenía en mente la disparatada idea de que si la gente me veía trabajar aunque me estuviera muriendo de cáncer, por lo menos les estaría dando un buen ejemplo. Sin embargo, no tardé mucho en advertir que me estaba matando en mi empeño de trabajar como un obseso y no ocuparme para nada de resolver los problemas de mi vida. En esos dos primeros años tuve muchísima suerte de que mi jefe y mis compañeros fueran tan solícitos y considerados.

Un mes después del diagnóstico, Jana me dijo que quería que nos casáramos, que deseaba estar conmigo el resto de mi vida, fuera el tiempo que fuese. Me dijo que estaba enamorada de mí y dispuesta a asumir el reto de ayudarme a superar esa enfermedad, y que no quería estar conmigo como una amiga, sino como mi mujer. Pensaba que su propia vida se enriquecería participando en aquella experiencia, sucediera lo que sucediese.

Yo creía que nada podía ser más disparatado que casarnos cuando se suponía que me estaba muriendo. A pesar de que también estaba enamorado de ella, o quizá por eso mismo, no me parecía justo implicarla en ese estropicio que tenía la impresión de haber creado. Por otra parte, sabía que necesitaba ayuda y no quería que mis padres conocieran mi estado. Los dos eran ancianos, y no veía de qué podía servir ponerlos al tanto de la situación. Tenía miedo de no ser capaz de afrontar aquello yo solo, y Jana parecía auténticamente interesada en aceptar el reto. Me zambullí en el matrimonio, como creo que lo hicimos ambos, sin la menor idea de la magnitud real del reto. Nos casamos el 1 de septiembre de 1979. Con los años, he llegado a amar y respetar a mi mujer desde lo más profundo de mi ser.

Invité a Rob a nuestra boda, y siguió viviendo con Jana y conmigo después. No pasó mucho tiempo, sin embargo, sin que encontrara drogas en su habitación, y los psicólogos de la casa de acogida donde había estado me aconsejaron enérgicamente que le pidiera que se fuese. Y se fue, pero no sin muchísima ira por ambas partes.

Desde el principio decidí que quería vivir, lo que retrospectivamente ha demostrado ser una de las decisiones más vitales que tomé en mi experiencia con el cáncer, porque sin duda fue el punto crucial. Mi sensación era que puesto que yo me había metido en aquella situación, debía haber alguna manera de salir de ella. En la actualidad no veo las cosas exactamente de este modo, pero así es como las veía entonces.

Aunque tenía un tremendo miedo a la muerte, no era un miedo paralizante, sino estimulante: me veía a mí mismo avanzando rápidamente hacia la muerte a menos que reaccionara enérgicamente moviéndome en la dirección contraria. Al haber trabajado durante años como asesor de empresas, estaba acostumbrado a manejar situaciones problemáticas, reunir y seleccionar montones de información, encontrar una solución y organizar los pasos necesarios para ponerla en práctica. Como mis métodos me habían dado muy buenos resultados en el mundo de los negocios, decidí aplicar el mismo enfoque con el cáncer. Perdí muy poco tiempo en reunir información e identificar algunas alternativas diferentes del simple quedarme sentado a esperar la muerte.

Aunque no puedo recordar todo lo que hice, o por lo menos no en el orden exacto en que lo hice, puedo hablar de los terrenos que investigué y de lo que actualmente pienso de ellos.

A fines del otoño de 1979 alguien me dio el libro del doctor Simonton *Recuperar la salud*. Lo leí con gran interés porque sus creencias eran muy similares a las mías. Llamé al Simonton Cancer Center, y Jana y yo acudimos a la primera sesión de pacientes en la que pudimos apuntarnos. El trabajo que hicimos allí fue el comienzo de un intenso esfuerzo por encontrar una respuesta al cáncer que pudiera resultarme útil.

Una de las mejores cosas del programa del doctor Simonton fue que me dio esperanzas. Ahí había un médico que sabía por lo menos tanto como los especialistas que yo había consultado, y probablemente más. Había tratado a muchos pacientes de cáncer diagnosticados como «terminales», y pensaba que yo podía vivir. ¿Quién podía decir que era imposible que él estuviera en lo cierto y los otros médicos se equivocaran? Me decía lo que yo quería oír; me decía que había una probabilidad. Además, me dio recursos concretos para luchar contra el cáncer. Dos de las cosas más importantes con que volví a casa eran un plan de dos años para recuperar la salud, y el valor de recurrir a fuentes de ayuda que antes ni siquiera habría considerado. Pero lo más importante fue que volvía a casa con una renovada voluntad de vivir.

Regresé a Chattanooga y empecé a trabajar regularmente con un psicólogo, para afrontar no sólo los problemas que habían empezado a aflorar como resultado de mi enfermedad, sino también aquellos de los que durante largo tiempo no había hecho caso. Jamás había recurrido a un psicólogo ni a un psiquiatra, y en realidad no había entendido la naturaleza del trabajo que realizaban. La verdad es que mi reacción inicial había sido: «No estoy loco, sino enfermo. No necesito ningún psicólogo». Sin embargo, varios psicólogos de la localidad me ayudaron mucho, además de que mi esposa estaba dispuesta a seguir adelante con lo que fuera necesario, y a trabajar conmigo.

Aparte de los psicólogos, una de las primeras personas que conocí durante mi enfermedad fue un hombre que había sido médico, pero que entonces era lo que la mayoría de la gente llamaría, supongo, un sanador espiritual. Me lo recomendaron los dueños de la casa de acogida para drogadictos de Chattanooga que yo había colaborado a fundar. Me sugirieron que lo llamara, pero se mostraron muy imprecisos respecto de lo que hacía. Tardé un tiempo en establecer el contacto, pero finalmente, ante la insistencia de mis amigos, consentí en llamarlo.

Cuando lo llamé y le dije quién era, me respondió que ya lo

sabía. Yo le hablé un poco de mi enfermedad, y me quedé muy sorprendido de que me preguntara directamente si deseaba vivir.

—Sí —le respondí—, muchísimo.

Me contestó que siendo así aceptaría el caso, y me pidió que tratara únicamente de estar tranquilo y de no angustiarme ni preocuparme. Me quedé pensando que sin duda estaba chiflado.

Pronto llegó el momento de volver al hospital para hacerme un chequeo y someterme a nuevas pruebas para verificar el progreso de la enfermedad. Yo sabía que los médicos estaban muy preocupados por mis análisis de sangre. Pensé que, puesto que se acercaba la fecha del chequeo, volvería a llamar al sanador para ver si necesitaba alguna información más, mi historial médico o lo que fuere. No comprendía ni por asomo cómo podía ayudarme sin haberme visto siquiera, y mis amigos de la casa de acogida no hicieron el menor intento de explicármelo. Entonces volví a llamarlo para confiarle mis preocupaciones. Me dijo que ya había estado trabajando por mí, y que cuando volviera al hospital habría un cambio tremendo, una gran mejoría. Yo, en realidad, no me lo creí, pero le conté a Jana lo que me había dicho.

Volvimos al hospital, donde me sometieron de nuevo a una larga serie de pruebas, y el especialista volvió a llamarnos a su despacho.

—Señor Henson —me preguntó—, ¿está tomando alguna medicina o vitamina de la que yo no estoy al tanto?

Le respondí que no. Siguió preguntándome si hacía ejercicios especiales o cualquier otra cosa fuera de lo común sin habérselo dicho, y le respondí de nuevo que no.

—Bueno —me dijo—, pues en su sangre se ha producido un cambio milagroso que simplemente no entiendo. Si esto se mantiene, ya no tendrá necesidad de nosotros.

Jana y yo nos miramos, salimos del despacho, fuimos a sentarnos en el coche, aparcado frente al hospital, y lloramos largo rato. Pero eran lágrimas de alegría. Teníamos la abrumadora sensación de que aquel sanador era una persona especial. Para mí aquello no tenía ningún sentido. No sabía qué había hecho, pero sí sabía que en mi visita anterior los médicos me habían dicho que no podían hacer nada por mí, que entonces yo había hablado por teléfono con alguien a quien ni siquiera conocía, al otro lado del país, una persona que me había dicho que iba a mejorar, y que había mejorado.

Más adelante, el sanador me envió una serie de lecciones que me llevaron a estudiar mis propios procesos mentales. Esta exploración personal estuvo ligada con el estudio de la Biblia y con la oración. Durante la mayor parte de mi vida, yo no había querido tener nada que ver con la religión, pero con el correr del tiempo se fue volviendo cada vez más importante para mí.

Después de esta experiencia, empecé a investigar el trabajo de muchos otros sanadores. Uno de los psicólogos de Chattanooga ocasionalmente patrocinaba a una mujer que venía de Atlanta a hacer lecturas psíquicas. Una vez acudí a una sesión suya, y su penetración me dejó asombrado.

No pasó mucho tiempo sin que conociera a otra mujer que hablaba de sanación psíquica en Atlanta, y me sorprendió saber que había enseñado métodos de curación alternativos en una famosa facultad de medicina. No pude verificar que realmente hubiera sanado a personas concretas, pero se le atribuía la curación de muchos cánceres. Debido a sus experiencias y su penetración le pedí que trabajara conmigo, e hicimos una sesión semanal durante seis meses. Con frecuencia, lo único que hacía era imponerme las manos, o quizá sugería algún alimento que necesitaba añadir a mi dieta o algún ejercicio especial que me convenía hacer.

Una vez me habló de que sus poderes curativos se fortalecían mucho en las proximidades de las pirámides de Egipto. Cuando supe que se encontraría allí al mismo tiempo que Jana y yo estaríamos viajando por Italia, reservé pasajes en un vuelo hacia Egipto para hacer una sesión en el interior de una de las pirámides. Jana y yo nos habíamos hecho amigos de mi médico de Chattanooga y su mujer, y haríamos el viaje juntos, de modo que los invité a ser testigos de aquella sesión.

La sanadora no me tocó físicamente en ningún momento, aunque a lo largo de toda la sesión tuve la sensación de que me estaba tocando muy enérgicamente. En los puntos donde había sentido sus manos me aparecieron marcas rojas del tamaño aproximado de una goma de borrar. El médico estuvo observándola continuamente y dijo que no me había tocado. Ella explicó que trabajaba con el aura o campo energético humano, y que el proceso revitalizaría mis recursos curativos naturales, que tendrían entonces que expulsar las toxinas que se me habían acumulado en el cuerpo. No sé si fue una cuestión de purificación, pero después estuve más descompuesto de lo que he estado nunca. Recorrí Italia vomitando de un extremo al otro, de manera que no sé si la sanadora me ayudó o me estorbó, pero tal como había sucedido con el primer sanador que me trató, tuve una reacción física bastante espectacular, aparentemente como resultado de su trabajo.

Además de consultar a sanadores, también dediqué mucho tiempo a informarme sobre Edgar Cayce, uno de los sanadores psíquicos estadounidenses cuyas experiencias están mejor documentadas. Sus archivos y estudios se encuentran en una biblioteca de Virginia Beach, donde existe una organización basada en su trabajo, la *Association for Research and Enlightenment* (ARE). Esencialmente, era su mujer quien lo ponía en trance, y Cayce diagnosticaba las dolencias de las personas que se habían puesto en contacto con él, la mayor parte de las cuales no llegaron a conocerlo personalmente. Entonces les recomendaba alguna clase de terapia, generalmente basada en un proceso natural, como un cambio de dieta o la práctica de ejercicios. Cuando ponían en práctica sus sugerencias, eran muchos los que mejoraban, y miles de sus casos fueron documentados.

Jana y yo decidimos participar en uno de los seminarios de ARE; después de esa semana, quedamos más impresionados aún con la realidad de la curación espiritual. Yo no la entendía, pero ciertamente me daba cuenta de que había muchos aspectos que trascendían y dejaban muy atrás el punto de vista médico tradicional vigente en la actualidad.

Durante los tres o cuatro años siguientes, me pasé muchas horas estudiando el efecto de la mente sobre el cuerpo, e incluso me matriculé en una universidad local para obtener el título de psicología.

Aunque había leído mucho sobre personas que hacían cosas extraordinarias en estado de hipnosis, el hipnotizador típico no me inspiraba la más mínima confianza. Aquellos de quienes tenía noticia se ocupaban básicamente de ayudar a personas que querían modificar malos hábitos, como fumar o comer en exceso. Yo sentía que mi problema era muy diferente, mucho más profundo, y decidí que probablemente los hipnotizadores locales no sabían mucho más que yo sobre el uso de la hipnosis en el tratamiento del cáncer, de modo que inicié mi propio programa. Leí varios libros que hablaban de un modo general sobre hipnosis y autohipnosis, y un psicólogo me dio algunas ideas sobre cómo adaptar esa información para mi uso personal.

Después me grabé yo mismo algunas cintas. Al comienzo de cada una leía los pasos necesarios para llegar progresivamente a un estado de relajación, pasos que había sacado de un libro sobre hipnosis. Al final, leía los pasos necesarios para salir de ese estado de relajación profunda. En medio me daba a mí mismo la información necesaria para tratar un problema determinado. Por ejemplo, podía versar sobre mi sentimiento de culpabilidad por la drogadicción de mi hijo. Escribía todo lo que sentía a este respecto y lo grababa en la cinta. Después agradecía a mi mente todas las cosas maravillosas que había hecho por mí a lo largo de mi vida, y finalmente decía algo más o menos así: «Sé que el problema con que hoy me enfrento es difícil. Como tú [mi mente] has sido mi aliada de toda la vida y me has ayudado con todos mis problemas, voy a quedarme en silencio para escuchar cualquier cosa que tengas que decirme a modo de orientación». Dejaba entonces un período de silencio de unos cinco minutos, mientras escuchaba la respuesta de mi sabiduría interior.

Para mí, éste fue un método tremendamente poderoso para ahondar en mi subconsciente. Al seguir esta práctica durante largo tiempo, aprendí mucho sobre mis procesos mentales.

Además de la hipnosis y de la relajación progresiva, estudié otros temas afines. Por ejemplo, me interesé por el vudú. De mis lecturas aprendí que en ciertas partes del mundo el vudú parece tener un verdadero poder de vida o muerte sobre las personas que creen en él.

También me enteré de las marchas sobre brasas que se practican en Ceilán, donde la gente es capaz de andar descalza sobre carbones ardiendo sin quemarse. Pensé en el hecho de que en Chattanooga, donde yo vivo, la gente no puede hacer eso. Me parecía probable que las verdaderas diferencias estuvieran en nuestros respectivos sistemas de creencias, que a su vez eran en gran medida productos de nuestras culturas. Más adelante, hablando con el doctor Simonton, me enteré de que en menos de una hora él mismo había aprendido a caminar sobre carbones encendidos.

Supe de los aborígenes australianos y de su increíble habilidad para el rastreo. Mediante un proceso en el que interviene el contacto espiritual, son capaces de seguir las huellas de alguien años después de que éstas hayan sido borradas por la lluvia y la arena.

Leí libros sobre diversos maestros orientales y estudié, bastante superficialmente, algunas religiones orientales. Me inscribí en un curso de yoga por correspondencia, y hubo una época en que estuve muy interesado en esta disciplina.

Como mínimo, mis lecturas me demostraron que si podía encontrar un libro que afirmara decir la verdad sobre algo, también podía encontrar casi siempre otro que intentaba probar lo opuesto. Llegué a convencerme de que los seres humanos son capaces de creer casi cualquier cosa, y de que sus creencias tienen mucho que ver con el curso de su vida y con su salud. Y observé que hay muchas cosas sobre la mente y el espíritu que todavía no comprendemos.

Además de los métodos de curación alternativos, también experimenté con terapias más tradicionales.

En 1980 los médicos me recomendaron que me hiciera extirpar el bazo para evitar una posible rotura, una posibilidad peligrosa para alguien afectado de ese tipo de leucemia. Me aseguraron que era una operación sencilla y me aconsejaron realizarla en un momento en que mis recuentos sanguíneos fueran buenos, en vez de esperar a que descendieran, ya que entonces la operación podía ser a la vez necesaria y peligrosa. Decidí que cooperar con ellos era defender mis intereses, y aunque la operación resultó ser más bien una dura prueba, en todo caso excluyó para siempre la posibilidad de una rotura del bazo.

Desde el comienzo de mi enfermedad empecé también a tomar vitaminas. Yo tenía un pariente —un cirujano que había tenido que abandonar los quirófanos por culpa de una lesión en la pierna— que trabajaba en el campo de las vitaminas y la nutrición. Como siempre había tenido fe en las vitaminas, le pedí que me preparara un programa personal. Me parecía bastante probable que en el proceso natural de luchar contra el cáncer mi cuerpo estuviera usando cantidades excesivas de uno u otro elemento y creando un desequilibrio químico. Si mi cuerpo necesitaba un aporte extra de ciertos nutrientes o vitaminas, yo podía colaborar en mi recuperación completando mi dieta con suplementos vitamínicos. Esto no es una explicación médica, sino simplemente algo que yo creía en esos momentos. En mi opinión, las vitaminas me ayudaron muchísimo.

Naturalmente, los médicos del hospital negaron importancia a cualquier posible efecto de las vitaminas, diciendo que para lo único que servían era para ser eliminadas con la orina. Sin embargo, se esperaba que yo padeciese un montón de resfriados e infecciones debido a mis bajas defensas, y no fue así. En realidad, Jana comentó varias veces, sorprendida, que ella se había resfriado más veces que yo. Lo mismo que me sucedió con otros tratamientos, más adelante aprendí a preguntar a mi sabiduría interior qué era lo que necesitaba, y a tomar sólo las vitaminas que me recomendaba mi guía interior.

A pesar de todo mi duro trabajo y de mis estudios, en el verano de 1981, dos años después del diagnóstico, no andaba demasiado bien. Las pruebas indicaban que el cáncer iba ganando y que yo perdía. Parecía que los médicos habían tenido razón cuando me pronosticaron que no tendría más de un par de años de vida. Empecé a esforzarme cada vez más, hasta que llegué a pasarme literalmente todas las horas de vigilia luchando contra la enfermedad y tratando de imaginar qué más hacer.

Mi mujer seguía a mi lado, apoyando la mayoría de mis esfuerzos con comprensión y entusiasmo. Alguna vez intentaba disuadirme de algo que en opinión de ella no valía la pena. Hubo un momento en que me dijo que me pasaba tanto tiempo meditando que temía que alguna vez al volver a casa me encontraría sentado sin otra ropa que un taparrabos y un turbante en la cabeza. Después de hablarlo, coincidió en que yo tenía que hacer todo lo que me pareciera mejor para mí, por más ridículo que lo considerara ella o cualquier otra persona. Realmente, me es imposible transmitir cuánto significó para mí tener en Jana a una aliada en mi esfuerzo por ganarle la batalla al cáncer.

En agosto estaba muy enfermo, y mi hijo tenía problemas muy graves. Un día me llamó mi ex mujer para decirme que estaba encarcelado, esta vez por las autoridades federales. Ella quería que yo fuese a Atlanta para sacarlo en libertad bajo fianza y buscarle un abogado. Me puse furioso, ya que estaba realmente harto de Rob y de todos sus problemas. Sentía que ya era hora de que él mismo pagara sus violaciones de la ley, tal como tendría que pagarlas yo si estuviera en su lugar. No veía ninguna otra manera de que pudiera aprender finalmente las lecciones que necesitaba.

A partir del trabajo con mi primer sanador, me había acostumbrado a rezar por mis problemas. Ahora, mientras rezaba por mi hijo, sentí la necesidad de escribir algo, busqué papel y lápiz y empecé. Me sentía en un estado de conciencia diferente de la conciencia normal de vigilia, y más tarde, cuando volví a mirar mi escrito, el mensaje me resultó extraño. He aquí una parte de lo que había escrito:

> Soy el Creador de los cielos y de la tierra y de todas las criaturas que en ellos viven. Sí, soy yo quien diseñó los procesos reproductivos en todas las cosas vivientes. Has de saber que por mí estás predestinado a que tu papel sea exactamente tal como es.

Entiende que eres una parte esencial en la continuación de la humanidad en el entorno terrestre. Harás bien en observar, sin embargo, que no eres más que una parte de mi gran diseño. ¿De ello se infiere, por lo tanto, que has de reclamar tú la propiedad de los frutos de mi trabajo? No, los hijos del mundo me pertenecen a mí.

Sí, yo te he llamado para que desempeñes un papel especial en la vida de unas cuantas personas. Pero te repito que todos mis hijos me pertenecen a mí. A todos y cada uno de ellos les he dado una vida y la libertad de hacer con ella lo que decidan. [...] Sí, tú eres libre de ofrecer a mis hijos tu mejor guía y orientación, pero sólo con el claro entendimiento de que cada uno es libre de escoger su propio camino. [...] Pronto ellos asumirán el mando de su propia vida, tal como lo han hecho los que existieron antes que ellos.

La necesidad de libertad no tardará en manifestarse en cada vida que yo otorgue. Si lo sabes de antemano, no te sorprenderá. [...] Ninguno de vosotros tendrá la resistencia suficiente para vencer la tremenda necesidad de libertad que pronto bullirá en el pecho de todos los jóvenes. No lo intentéis. Porque yo mismo vigilo la constante evolución de mis hijos. En este momento has cumplido con tu papel y estoy complacido. [...] Harás bien en no permitir que tu propia vanidad interfiera. Será ése el momento en que te toque renunciar [...] y dejar que yo tome las riendas. Porque soy un maestro en este papel escogido. Tú, por otra parte, tienes otros muchos retos que afrontar y debes hacerlo solo. Y lo mismo vale para tus hijos. Ellos también deben hacerlo solos.

Yo no sabía exactamente qué había ocurrido cuando recibí ese mensaje. Había oído hablar de «canalización» y de «escritura automática», pero no sabía si esto era alguna de esas cosas. Lo que sí sabía era que ahora, de algún modo, tenía la aprobación que necesitaba para cortar las ataduras con mi hijo. Ya no me sentía culpable de sus problemas. Le dije a mi ex mujer que no le pagaría la fianza ni le enviaría abogados. Ya me había pasado demasiado tiempo sacándole las castañas del fuego, y estaba harto. Por mí, podía quedarse en la cárcel. También le dije que no quería saber nada de él si salía: ni tarjetas, ni cartas, ni llamadas. Tendría que empezar a asumir la responsabilidad de sí mismo. Creo que esto es lo más importante que he hecho jamás por Rob. Pienso que creció más en los pocos meses que siguieron a aquel incidente que en toda la década que lo precedió.

Pero mi salud seguía empeorando. Empecé a dedicarme más a la oración y a estudiar la Biblia. Entonces, el 23 de septiembre de 1981, sucedió algo notable que me cambió definitivamente la vida. En síntesis, tuve una experiencia milagrosa durante la cual Dios me dijo que me recuperaría. Me referiré detalladamente a esa experiencia en la serie de cartas, pero por el momento lo único que quiero decir es que en enero de 1982 yo era un hombre sano. Más aún, durante los dos años siguientes estuve tan sano como en el mejor momento de mi vida. Mi resistencia física era increíble. Era capaz de correr durante tanto tiempo que me aburría. La gente no podía creer que tuviera tanta energía. En realidad, a la mayoría le costaba creer simplemente que estuviera vivo.

Los años 1982 y 1983 fueron buenos. Mi cáncer estaba en remisión. Yo había vuelto a trabajar la jornada completa. Me sentía como nuevo. De forma muy semejante a como había escrito el mensaje referente a mi hijo, tuve la inspiración de empezar una serie de cartas para enfermos de cáncer donde pudiera explicarles todo lo que yo había aprendido.

Sin embargo, aquella milagrosa curación no fue más que el comienzo de mi comprensión de Dios y de la vida. Tenía mucho más que aprender, y en 1984 empecé a darme cuenta de que el medio por el cual recibiría las lecciones sería otro episodio de enfermedad. Sabía que iba a tener una recurrencia, y sabía por qué: yo había interpretado mal la experiencia milagrosa. Pensaba que había encontrado una manera de curar el cáncer mediante el contacto con Dios. No me di cuenta de que ese milagro era un don. Me estaba atribuyendo más méritos de los que le reconocía a Dios. Indudablemente, durante 1984 empecé a tener los mismos síntomas y el médico me confirmó que volvía a padecer la enfermedad ya diagnosticada.

Poco antes del Día de Acción de Gracias de 1984, me sentí tan mal que me llevaron rápidamente a la sala de urgencias del hospital. El médico me dijo que cualquiera con unos recuentos sanguíneos tan bajos como los míos se habría muerto, pero que mi cuerpo se había adaptado a ese estado, no sabía por qué. Me hicieron transfusiones masivas para salvarme la vida, pero como consecuencia de ellas me quedé ciego. Me explicaron que la ceguera se debía a que mis recuentos sanguíneos habían descendido tanto que algunos capilares habían empezado a cerrarse; el gran aflujo de sangre en la zona de atrás de los ojos hizo que se formaran coágulos, y los coágulos provocaron la ceguera.

Poco a poco, la visión de un ojo empezó a aclararse, pero no podía ver lo suficiente como para moverme en mi propia casa. Durante los seis meses siguientes recuperé lentamente la vista, pero había tenido la experiencia de la ceguera, y desde entonces me asombra y me maravilla la habilidad y el coraje de los ciegos. Esta experiencia reforzó más aún mi creencia en que nuestra respuesta a los problemas con que tropezamos en la vida es mucho más importante que el problema mismo, independientemente de que se trate de un cáncer o de cualquier otra cosa.

Durante aquel mismo otoño, la madre de mi mujer, que es enfermera y en aquella época vivía en Dallas, vio un artículo sobre un hospital de esta ciudad destinado a la investigación donde se estaba experimentando con un fármaco llamado interferón. Le mostré el artículo a mi médico en Chattanooga, quien se informó sobre el programa y me animó a que me inscribiera en él como paciente experimental voluntario. Al principio yo me oponía, pero él terminó por convencerme de que aquel fármaco podía hacerme bien. Aunque entonces no lo sabía, cuando subí al avión con Jana para ir a Dallas en diciembre de 1984, la mayoría de mis amigos de Chattanooga pensaban que se estaban despidiendo de mí por última vez.

Me aceptaron en el programa de investigación del interferón

e ingresé en el hospital. Estaría allí durante varias semanas seguidas y después saldría para seguir un tratamiento de paciente externo mientras Jana y yo nos alojábamos en casa de sus padres. Un fin de semana, en casa de ellos, vi por televisión un anuncio de un curso sobre la Biblia pensado para reforzar la fe. Pensé que lo que necesitaba en aquel momento era precisamente fe, de manera que solicité el curso. Cuando volví al hospital, me pasé la mayor parte del tiempo leyendo la Biblia y haciendo los ejercicios del cuaderno de trabajo del curso.

Aunque me estaban administrando el interferón, me había aparecido un problema con las infecciones. Me daban fuertes dosis endovenosas de antibióticos, la infección desaparecía, dejaban de administrarme los antibióticos y la infección volvía a aparecer en alguna otra parte del cuerpo. A los médicos les preocupaba la posibilidad de que los fármacos que estaba tomando empezaran a entorpecer el funcionamiento de diversos órganos, y no se les ocurría cómo controlar aquellas infecciones cuando yo ya no pudiera seguir tomando antibióticos. Mi situación era desesperada.

Entonces, un día de principios de noviembre de 1985, tras haberme atareado un rato con mi «cuaderno de trabajo de la fe», me quedé dormido mientras Jana miraba la televisión en mi habitación. De pronto me desperté totalmente. Había tenido otra experiencia milagrosa. Se me volvió a decir que me pondría bien, pero esta vez se me dijo cuándo. Se me comunicó que mi cuerpo reanudaría la tarea de fabricar glóbulos rojos con normalidad el primero de diciembre de 1985. Como el término de vida de los glóbulos rojos es aproximadamente de 120 días, supe que tenía que estar bien el primer día de abril. Esto sucedía en noviembre, y abril parecía estar muy lejos. Sin embargo, yo sabía con absoluta certeza que me pondría bien, puesto que a esas alturas ya había recibido unos cuantos mensajes espirituales de este tipo, y me preparé para salir del hospital.

Preguntamos al hermano de Jana si nos llevaría a Chattanooga y nos respondió que sí. Lamentablemente, aunque volver a casa era lo que realmente deseaba, el viaje de dos días en su camioneta no fue nada bueno para mi espalda. Durante tres meses me había pasado casi todo el tiempo en cama, y eso seguido por el largo viaje en coche me ocasionó problemas de espalda que me resultaron muy difíciles de sobrellevar.

En abril de 1986 mis recuentos sanguíneos estaban totalmente normalizados. Ahora que realmente parecía que podría vivir, Jana se sintió al fin en libertad de formular su propio deseo: quería que tuviéramos un bebé. Los médicos me habían dicho que quedaría estéril a causa de los tratamientos, pero de todas maneras decidimos intentarlo. En 1987, Jana quedó embarazada, pero lamentablemente sufrió un aborto debido a un problema físico del que no había tenido noticia antes del embarazo. Al año siguiente, sin embargo, volvió a quedar encinta, y el 28 de enero de 1988 nació, perfectamente sano, nuestro hijo Clayton.

Hoy, si comparo el punto en que me encuentro, física, mental y espiritualmente, con mi situación de 1979, lo que es más importante para mí es que soy más de diez años mayor que cuando me dijeron que tenía una enfermedad terminal. Físicamente gozo de buena salud, aunque la espalda todavía me da problemas. Ya no tomo ninguna medicación para el cáncer. Sólo ocasionalmente me hago recuentos sanguíneos, que generalmente dan cifras normales, aunque de cuando en cuando alguna está por encima o por debajo de las generalmente aceptadas.

Sigo trabajando como ejecutivo en la industria de refrescos, aunque mi tarea actual es un poco diferente. Sin embargo, ahora el trabajo es mucho menos importante para mí que antes. Es un trabajo honesto, que nos da, a mi familia y a mí, todos los bienes materiales que necesitamos, pero ya no constituye una forma de escapar de la vida.

Jana y yo seguimos viviendo en Chattanooga. El mayor cambio en nuestra vida familiar ha sido la llegada de nuestro hijo Clayton. Puesto que tanto ella como yo, por nuestras condiciones físicas, podríamos habernos visto privados de tener hijos, los dos lo sentimos verdaderamente como una respuesta a nuestras plegarias que ha añadido una felicidad inconmensurable a nuestra vida.

También me alegra poder decir que mi hijo mayor, Rob, ha capeado el temporal de sus problemas con la droga y está dedicado a su carrera de músico. Nuestra relación ha mejorado enormemente, y él parece feliz con el rumbo que ha tomado su vida.

Quiero estar seguro de que se entienda que no fueron sus problemas con las drogas la causa de mi enfermedad. En cambio, ahora veo que el problema estuvo en mi respuesta, y creo que nuestras dificultades fueron un poderoso estímulo para cambiar la vida de ambos. Pasó mucho tiempo hasta que yo estuve suficientemente preparado para afrontar esos problemas, pero ahora veo aquella falta de preparación como un reflejo de mis propias carencias y no de las suyas. Creo que los dos necesitábamos ayuda para encarar nuestras circunstancias vitales. En aquella época no nos ayudamos demasiado el uno al otro, pero tengo la esperanza de que nuestra comprensión haya aumentado y de que ahora podamos ser útiles a otras personas que tengan que enfrentarse a situaciones similares.

Cada cual tiene su propia opinión sobre cuáles de los métodos de curación que usé funcionaron y cuáles no, cuáles contribuyeron a que recuperara la salud y cuáles no tuvieron nada que ver con ello. Que piensen lo que quieran; soy yo quien vivió todo aquello, y tengo una opinión muy firme respecto de la causa de mi supervivencia.

Creo que tanto mis experiencias con los métodos de curación alternativos como algunos de los tratamientos más tradicionales fueron valiosos para mí. No sé cómo explicar por qué, pero cuando me dijeron que no había solución para mi problema dentro de la medicina tradicional, sentí que tenía que buscarla fuera de aquel ámbito. No sé si este tipo de exploración es necesaria o valiosa para los demás, pero yo necesitaba indagar en ese campo para satisfacer mi propia curiosidad. De hecho, los métodos que he mencionado aquí no son más que unos pocos de los muchos que he explorado.

El mayor valor del estudio y la experimentación que llevé a cabo intensivamente fue que en última instancia me dieron acceso a un enfoque espiritual de la vida como respuesta a mis problemas. Cuando finalmente apareció la solución a mi cáncer, supe que era la adecuada para mí. Había recorrido muchísimos caminos hacia la curación, y algo había obtenido de cada uno de ellos, pero ninguno de los otros demostró tener el poder suficiente para derrotar a la enfermedad.

Estoy seguro de que si se preguntara a los expertos en salud cuál de los métodos que utilicé fue el que me sanó, darían muchas respuestas diferentes. Creo que los psicólogos y psiquiatras sentirían que la terapia fue un elemento central en mi mejoría. Y seguramente los cirujanos dirían que la extirpación del bazo tuvo mucho que ver con ella. Otros médicos pensarían que se debió a los fármacos, y estoy seguro de que algunas personas llegarían a la conclusión de que las sesiones de sanación psíquica fueron muy importantes. Yo siento que un factor que contribuyó a mi curación fueron las vitaminas, así como todos los demás, de una manera u otra. Pero si no pudiera escoger más que uno de ellos, no tengo la menor duda de que serían las milagrosas experiencias espirituales de que les hablaré en las cartas, porque las considero mucho más importantes que cualquier otra cosa.

Al expresar esta creencia, no es mi intención desvalorizar los restantes aspectos de mi experiencia de curación. Siento que la fe, la esperanza y la voluntad de vivir fueron una parte importantísima del proceso. También diría que los procedimientos médicos tradicionales me facilitaron el tiempo que necesitaba para hacer los cambios internos que dieron como resultado los milagros que experimenté.

Además, quiero que quede muy claro que no sé lo que necesita usted para recuperarse. Quizás haya visto ya similitudes entre mi vida y la suya, y seguramente también habrá visto diferencias. Como no hay dos seres humanos iguales, necesitará encontrar su propio camino hacia la salud, tal como yo lo encontré. Lo único que espero es que, al compartir con usted lo que aprendí de mi experiencia, su salud y su vida se beneficien.

El doctor Simonton comenta

Desde el comienzo, el entusiasmo de Reid, su profundo interés y la intensidad con que abordó su situación me hicieron creer que tenía buenas probabilidades de superar su enfermedad y de recuperarse. Como usted ya sabe, en sus esfuerzos Reid fue mucho más allá del programa del Simonton Cancer Center, que usó como una plataforma de lanzamiento hacia una aventura de descubrimiento de la vida.

Muchos pacientes están en la etapa de probar los más diversos tratamientos de curación alternativos. Con el correr del tiempo, he llegado a la conclusión de que no sé qué es lo que alguien necesita para recuperarse. Veo que cierta forma de tratamiento funciona para una persona, y resulta una pérdida de tiempo y de energía para otra. Por eso no estimulo ni desanimo a nadie a la hora de probar un tratamiento determinado. Lo que me interesa es ayudar a cada enfermo a encontrar su propia manera de escuchar sus procesos interiores, que le dirán qué tratamiento debe seguir. Cultivar esta capacidad de comunicarnos con nuestra propia fuente de sabiduría requiere tiempo y paciencia, y a muchos el esfuerzo puede resultarles frustrante. Pero vale la pena.

Como Reid, muchas personas ven lo que necesitan hacer para avanzar hacia la salud. Pero a diferencia de él, tan pronto como empiezan a encontrarse con problemas para llevar a la práctica esos cambios en su vida, se desalientan y abandonan. Quizá no tengan la suficiente fuerza interior o no cuenten con el apoyo externo necesario para llevar adelante el trabajo que hay que hacer. Con este libro, Reid y yo tenemos la esperanza de ayudarles a obtener todo lo que puedan necesitar para sanar, tanto en el plano físico como en el mental y el espiritual.

3

El comienzo del trabajo curativo

Una semana en el Simonton Center

En el programa del Simonton Cancer Center ha habido algunos cambios importantes desde que se publicó *Recuperar la salud* y desde que Reid y Jana Henson acudieron a una sesión para pacientes en 1979. La ideología subyacente sigue siendo básicamente la misma: La salud es un proceso natural. Entre las técnicas que usamos para encaminar a la gente hacia la salud siguen estando la visualización, la meditación, el trabajo con la sabiduría interior y el establecimiento de objetivos. Sin embargo, he recibido aportes muy valiosos desde que inicié este trabajo en 1971, y en función de ellos he modificado el programa. Además de centrarme actualmente tanto en los procesos espirituales como en los mentales, he pulido considerablemente las técnicas que usamos en el Centro.

Dos de las cosas más valiosas que se llevan de nuestra sesión de cinco días y medio las personas que están pasando por la experiencia del cáncer son las habilidades que les ayudarán a encarar una enfermedad que pone en peligro su vida y el apoyo emocional de los otros pacientes. Cuando usted haya terminado de leer este libro, habrá tenido la oportunidad de aprender todas las habilidades que enseñamos a los pacientes en nuestras sesiones, e incluso más. Al final de este capítulo encontrará una copia de nuestro horario, que indica dónde encontrar la información y los ejercicios para cada una de las sesiones que se llevan a cabo en el Simonton Center.

Si bien no contará usted con el beneficio de compartir sus experiencias y aprender junto con otros pacientes que también están iniciando este viaje, tendrá el ejemplo y el apoyo de Reid Henson, una persona que ha estado donde usted está, y que ahora está donde probablemente quiere estar usted: disfrutando de buena salud.

En este capítulo voy a pasar revista a algunos conceptos generales de nuestro programa: además le daré algunas ideas sobre la forma de establecer una base sólida para su trabajo curativo. Esta información, así como los ejercicios presentados en los dos próximos capítulos, le será útil para trabajar con la serie de cartas. Le ruego que se tome algún tiempo para leer cuidadosamente estos dos nuevos capítulos y para hacer los ejercicios. Si los conceptos son nuevos para usted, es probable que al principio le resulte difícil entenderlos. No espere absorber inmediatamente cada idea; no es necesario que lo «capte» todo en la primera lectura. Los conceptos básicos se repiten a lo largo de todo el libro.

El Simonton Cancer Center

Las sesiones de nuevos pacientes en el Simonton Cancer Center se llevan a cabo en un centro de conferencias en Pacific Palisades, California, que está en las afueras de Los Ángeles, cerca de Malibú. Se trata de un lugar muy especial, que en su momento formó parte de las tierras sagradas donde los aborígenes de la zona llevaban a cabo sus prácticas de sanación. Los miembros de las tribus que solían reunirse en ellas se enorgullecían de ser muy independientes, y sin embargo su norma era la cooperación recíproca. Es el mismo espíritu que procuramos inculcar en los participantes en nuestro programa. Esperamos que cada paciente y cada persona que lo apoye mantengan su orgullosa independencia, y que sin embargo cooperen entre ellos, con los demás pacientes y con el personal del Centro.

Cuando un nuevo paciente llega al Centro, procuramos ayudarle inmediatamente a que se sienta seguro, cómodo y protegido. Y es importante que también usted se cree un entorno de estas características para realizar su propio trabajo curativo.

Escoja un lugar especial para tener allí sus cintas de meditación, su diario, sus fotos o cualquier otra cosa que necesite para crearse un espacio de paz, libre de distracciones. Dentro de su rutina diaria, establezca un horario regular para realizar su trabajo curativo, y asegúrese de que los demás lo respeten. (Es probable que tenga que hacerse valer con mucha firmeza en este aspecto, especialmente si tiene niños pequeños.) Esta es una manera de sacar partido del poder del ritual para su propio aprendizaje personal.

En nuestro encuentro de orientación en el Centro establecemos algunas líneas directrices muy básicas para la semana que sigue, y que también usted debe aplicar si quiere trabajar con este libro.

Déjese guiar por sus deseos e intereses en su trabajo curativo, y preste atención tanto a los mensajes o respuestas que reciba de su cuerpo como a sus propios e íntimos sentimientos. Deje que la alegría sea el norte de su brújula. Si se cansa o no se encuentra bien, tome ese dolor físico o emocional como señal para descansar. Respete sus limitaciones.

La gente acude a nuestro programa con capacidades físicas muy diversas. Algunos casi no muestran signos de enfermedad; puede ser que se la acaben de diagnosticar, o quizá que estén en remisión. En otros, el cáncer está en una fase muy avanzada. Muchos se están sometiendo a programas completos de tratamiento médico estándar, además del trabajo que hacen con nosotros. En el Centro jamás ofrecemos nuestro programa como sustituto de las terapias médicas apropiadas. Su finalidad es colaborar con el tratamiento y favorecerlo, y ayudar a que los pacientes descubran su propio y particular camino hacia la curación.

En ocasiones los pacientes, al ver a otra persona que está reaccionando bien —quizás haciendo ejercicios de forma activa, por ejemplo—, piensan que ellos deben hacer lo mismo. Pero este no es el mejor razonamiento. Cada cual debe hacer lo que necesita hacer. No base su trabajo en las capacidades de otro paciente. Ya encontrará su propia manera de hacer lo que necesita, la más saludable para su situación, que es única y no se parece a la de ninguna otra persona.

En este mismo momento, me gustaría que tomara conciencia de lo que ha estado sintiendo, y se diera cuenta de que, a pesar de sus dificultades, ahora mismo está haciendo un esfuerzo para recuperar su salud (el de leer este libro). Comprenda que hasta ahora ha hecho con su enfermedad lo mejor que sabía. Quiero que se imagine profundizando su comprensión a partir de este capítulo y de la serie de cartas que hallará más adelante. Imagínese que va alcanzando una comprensión más amplia de su salud, y que comienza a entender de qué manera encajan ésta y su vida.

El papel que desempeña la persona acompañante

A cada paciente que participa en el programa del Simonton Cancer Center se le pide que traiga a una persona como principal apoyo durante los cinco días y medio de sesiones. Si el paciente está casado, esa persona debe ser su pareja. Queremos que nuestro trabajo ayude a fortalecer el matrimonio, y no que establezca una distancia en la relación o la aumente en el caso de que ya exista. Si el paciente no está casado, necesitará traer a otra persona para que le sirva de apoyo. El papel principal de esta última consiste en ayudar al paciente a asimilar bien los conceptos y a integrar el trabajo en su hogar.

Creo que Jana Henson es un maravilloso ejemplo de la eficacia de una persona de apoyo interesada y entusiasta. Ella participó con Reid en la sesión para pacientes nuevos, y a lo largo de los años lo ha acompañado a numerosas conferencias y muchos seminarios, ha leído los mismos libros que él, ha trabajado con él y con el psicoterapeuta y ha participado con gran entusiasmo en todos los esfuerzos de Reid para recuperarse. Y lo que es más importante es que no lo ha hecho a expensas de su propia salud. Jana se ha dedicado también a aplicar el trabajo a su propia vida, cuidándose para mantenerse sana y poder seguir siendo un firme apoyo para su marido.

Le recomiendo que realice el trabajo que propone este libro con su pareja en el caso de que la tenga, o si no, con otra persona de su elección. Como mínimo, pídale que lea este libro para que entienda qué es lo que está haciendo y cómo puede ayudarle mejor. Mi primer mensaje para cualquier persona que esté asumiendo el papel de apoyo principal es el siguiente: «No intente ayudar al paciente canceroso a aplicar el trabajo a su situación personal a menos que él se lo pida de forma específica. No deje de preguntar qué es lo que puede hacer para ayudar, pero no dé consejos. Es lógico que quiera alentar al paciente y entender lo que desea para no hacer nada en contra de su voluntad, pero es necesario que se dedique sobre todo a su propia vida. Cuídese. En estos momentos usted también necesita amor y atención».

Si usted no tiene ningún apoyo, si es una persona que vive sola y no tiene familiares ni amigos con quienes sienta que puede compartir este libro, igualmente puede hacer el trabajo. Tuve una vez un paciente que apareció en una sesión solo y en un estado de desesperación. Tenía un cáncer de pulmón recurrente con metástasis cerebrales. Naturalmente, no quisimos excluirlo, pero tuvo que hacer el trabajo solo. Para empeorar las cosas, no tenía dinero y no podía pagarse un terapeuta cuando regresó a su casa, y en la zona donde vivía no había ningún grupo de apoyo. Pese a todo, puso en práctica lo que había aprendido, y ahora, cuando ya han pasado más de doce años, está vivo y se encuentra bien.

La comunicación con su persona de apoyo: responsabilidad y reproche, culpa y perdón

A lo largo de la sesión de una semana en el Simonton Cancer Center trabajamos para abrir y mejorar la comunicación entre el paciente y su principal persona de apoyo. Les proporcionamos un ambiente seguro, donde se puede hablar por primera vez de conceptos y sentimientos jamás expresados. Generalmente, tanto el paciente como la persona de apoyo emplean muchísima energía para seguir sin hablar de todo aquello que nunca se han atrevido a decir. Una vez que una persona, en un grupo, empieza a hablar con profunda sinceridad, el alivio inunda la sala. La gente ve que los demás se enfrentan con problemas similares, y que los elementos básicos de una buena comunicación son los mismos para todos.

Una de las tareas es pedir a la persona de apoyo que enumere las cosas que ve hacer al paciente y que considera perjudiciales para su salud, y también lo que no hace y que cree que le iría bien hacer. Entonces ponemos a las personas de apoyo en un círculo en el centro de la sala para que comenten entre sí sus preocupaciones, mientras los pacientes las escuchan. En esta sesión hay mucha sinceridad y se comparten muchas cosas.

Uno de los sentimientos que comúnmente expresan las personas de apoyo es la frustración. Tienen miedo de que el paciente no se recupere, o de que no mejore con la rapidez suficiente si sólo siguen haciendo lo que han hecho hasta el momento. Con frecuencia quieren que el paciente haga las cosas a su manera. Pueden llegar a obsesionarse con pequeños problemas de salud o dietéticos, fastidiando al paciente para que coma más brécol, por ejemplo. Y es probable que bajo esa actitud autoritaria y el diluvio de consejos se oculten el amor y el miedo que sienten. En nuestro trabajo, les ayudamos a expresar de forma más directa estas emociones.

Las personas de apoyo también suelen tener un sentimiento de culpabilidad. Dicen cosas como: «Yo estaba tan metido en mi trabajo que no le brindé el amor suficiente, y ahora ella tiene cáncer». O bien: «Estuve dedicando tanto tiempo a la familia que él necesitó tener un cáncer para que le prestara atención».

Es muy importante tanto para el paciente como para la persona de apoyo confrontar y expresar los sentimientos de frustración y culpa. La mayoría de las veces es útil, entonces, reconocer que cada cual hace lo mejor que puede con la información y la capacidad que tiene en un momento dado. Nadie fuerza conscientemente a un ser amado para que enferme, y nadie puede serlo todo para todas las personas de su vida ni satisfacer todas las necesidades de los demás.

Como en cualquier relación importante y sana, tanto el paciente como la persona de apoyo necesitan cultivar su habilidad para negociar necesidades. Es importante que cada persona empiece a pedir que le den más de lo que necesita, tanto a sí misma como a los demás. Cada persona necesita aclararse muy bien respecto de sus necesidades, y además debe comunicarlas de manera clara y apropiada, de una manera que la otra persona pueda entender bien para actuar en consecuencia. Por ejemplo, los pacientes podrían enseñar a su persona de apoyo cómo comunicar un consejo cuando se lo piden, de manera que les llegue como un apoyo y no como un intento de controlar.

Durante esta sesión también se suele oír mucho resentimiento por ambas partes. Son frecuentes expresiones como «¡Tú me hiciste enfermar!», o «¡Si no hubieras hecho eso no habrías enfermado ni me habrías estropeado la vida!». Ese nivel de cólera y resentimiento es normal teniendo en cuenta la gran tensión que impone la enfermedad, pero lo que se necesita es resolverlo. Puede ser tan dañino para la calidad de vida como para el curso de la enfermedad. Según cuál sea el nivel en que se dé el resentimiento en su relación, es probable que usted necesite la ayuda de un terapeuta o de un sacerdote para afrontar este problema, muy común, pero difícil. A nuestros pacientes les sugerimos que sigan trabajando en estos aspectos una vez que regresen a casa.

Una de las maneras en que ayudamos a nuestros pacientes y a sus respectivas personas de apoyo a elaborar el resentimiento, no sólo hacia su pareja sino hacia cualquier otra persona que forme parte de su vida, es cultivar el perdón. Es probable que el ejercicio que hacemos al final de esta sesión sea también muy beneficioso para usted.

Un ejercicio de perdón

Escriba los nombres de las personas que despierten en usted cualquier resabio de resentimiento. Junto a cada nombre, escriba por qué está resentido con esa persona. Después, recorriendo la lista nombre por nombre, cierre los ojos e imagínese que algo bueno le sucede a cada una de esas personas, algo que usted sepa que les gustaría especialmente. Hágalo con tanta frecuencia como le sobrevengan accesos de resentimiento con respecto a alguien. En algunos casos necesitará muchas repeticiones antes de que sus sentimientos cambien. Quizás esto le parezca difícil, pero probablemente encuentre que le saca un gran peso de encima. (¡Recuerde que está haciendo este ejercicio principalmente por su salud, no por la persona con quien está resentido!)

Cuando termine con este ejercicio, le sugiero que se tome un buen descanso y no pase a la sección siguiente hasta mañana, o cuando sienta que ya ha descansado lo suficiente.

Los mensajes y beneficios de la enfermedad

Al comienzo de cada sesión ayudamos a los pacientes a que empiecen a identificar sus pautas individuales de vulnerabilidad, incluyendo los acontecimientos que les llevaron a la enfermedad. Si usted sabe a qué es vulnerable, ya está en el buen camino para saber qué es lo que puede fortalecerle.

Tres dominios de exploración muy importantes son la tensión nerviosa previa al cáncer, los beneficios secundarios de la enfermedad y el mensaje que ésta transmite. Deseo proporcionarle una información general que le ayude a encarar estos puntos, y más adelante, en la serie de cartas, ya profundizaremos en estos temas.

Hay muchas investigaciones que consideran el estrés como una influencia importante en la susceptibilidad y la resistencia al cáncer, así como en el curso de la enfermedad misma. En nuestro programa empezamos por identificar las fuentes de tensión entre los seis y los dieciocho meses previos a la aparición del cáncer.

A veces a la gente se le hace difícil detectar el estrés, de modo que le sugiero que haga lo siguiente: Confeccione una lista de los cambios importantes que se han producido en su vida en los últimos dieciocho meses. ¿Se ha puesto alguien enfermo en la familia? ¿Ha muerto alguno de sus familiares o de sus amigos? ¿Ha cambiado usted de trabajo? ¿Se ha jubilado? ¿Ha recibido alguna amonestación o lo han despedido? ¿Se ha producido algún otro cambio en su trabajo, incluido un ascenso importante? ¿Ha cambiado de lugar de residencia? ¿Sus hijos se han ido de casa? ¿Se ha divorciado o casado? Cualquier cambio importante, para bien o para mal, producido durante los últimos dieciocho meses debe figurar en su lista.

Sea cual fuere el cambio, el inicio de la enfermedad puede ser una indicación de que usted no es capaz de manejar eficazmente el estrés que éste le impone. Quizás otras personas puedan, pero usted no es «otras personas». En este momento de su vida, ciertos cambios pueden, además, resultarle más difíciles de manejar que en otras épocas. Tómese un momento para recordar la historia de Reid: en los años anteriores a que le diagnosticaran el cáncer había cambiado de trabajo y de lugar de residencia, se había divorciado y su hijo había tenido problemas con las drogas. La suma total de esos acontecimientos representó un enorme estrés en su vida.

Puede ser útil que vaya más allá del último año y medio y pase revista a otras enfermedades que haya tenido. Intente recordar el estrés que las precedieron. Yo tengo muy claras mis propias pautas. Si cojo un resfriado, por ejemplo, puedo estar seguro de que me he pasado en mis compromisos: tengo demasiadas cosas que hacer, no estoy pidiendo ayuda y pienso que si hay que hacer algo, lo tengo que hacer yo. Estoy sobrecargado, tapado de trabajo, y no juego ni me distraigo lo suficiente. Y por eso soy vulnerable a un virus que de otra manera me podría haber sacado fácilmente de encima.

Hemos identificado muchos factores que contribuyen al cáncer: tendencias genéticas innatas, el tabaco, el exceso de exposición al sol, ciertos estilos de vida, los riesgos ambientales y otros más. El estrés no es nunca el único factor en la evolución del cáncer, y su importancia varía de una persona a otra. Pero una vez diagnosticado el cáncer, es el factor sobre el cual podemos incidir más.

Una teoría del cáncer, llamada «teoría de la vigilancia», sostiene que en realidad es probable que a lo largo de la vida contraigamos muchas veces el cáncer... y lo derrotemos. El cuerpo produce células anormales, pero el sistema inmunitario las destruye antes de que se multipliquen tanto como para ser peligrosas. Pero si el sistema inmunitario está debilitado por el estrés, nos fallan las defensas y el cáncer se instala en nuestro cuerpo.

Volvamos a mi resfriado: una vez que estoy enfermo, me libro de alguna de las cargas que me abruman, pido ayuda en mi trabajo y empiezo a divertirme un poco más. Son lo que yo llamo «beneficios secundarios» de tener un resfriado. Pero si he reconocido los beneficios que obtengo de tenerlo, puedo procurármelos por mi cuenta, sin necesidad de ponerme enfermo para obtenerlos.

De la misma manera, les pido a los pacientes que se fijen de qué manera el cáncer puede estar ayudándoles a tratar con su tensión nerviosa. «¿Cuáles diría usted que son algunos de los beneficios secundarios de su cáncer?» La primera vez que les planteo esta pregunta, muchos se escandalizan. ¿Qué puede aportar de bueno el cáncer? Pero mirémoslo un poco más a fondo. Entre otras cosas, el cáncer le puede permitir decirse que no a sí mismo o a sí misma —o decírselo a otros— en relación con cosas que no quiere hacer. Puede permitirle decir que sí a partes suyas importantes que ha negado hasta ahora. El cáncer puede asegurarle el amor y la atención de los demás. Con él se suspenden los límites y las reglas; repentinamente puede tener una gran libertad para volver a enfocar su vida de una manera muy diferente.

Pienso que esta necesidad de un reenfoque es el gran mensaje del cáncer. Una y otra vez he visto que esta enfermedad es la forma que tiene el cuerpo de sacudir a una persona para que cambie, y éste es un punto que destaco realmente en nuestras sesiones con los pacientes. Es un concepto difícil de aceptar. La mayoría de la gente, en nuestra cultura, piensa que tener cáncer es una terrible mala suerte, un golpe fortuito y sin sentido del destino. Unos pocos, como Reid al comienzo, sienten que es el castigo por algún error o transgresión que han cometido. Pero yo creo que el mensaje del cáncer es siempre un mensaje de amor.

Creo que nos dice que dejemos de hacer las cosas que nos provocan dolor y empecemos a hacer las que nos dan alegría, las que armonizan más con nuestra forma de ser y con lo que queremos hacer de nuestra vida.

El psicólogo Lawrence LeShan escribe sobre la honda desesperanza que encierra intentar ser quien no se es. Cuando intentamos ir en contra de nuestra naturaleza, la vida no nos funciona. Con frecuencia, nuestra reacción es insistir, pero cuanto más insistimos, más nos alejamos de lo que verdaderamente queremos y necesitamos. Con frecuencia, nuestros pacientes experimentan un profundo sentimiento de alivio al oír este mensaje. Necesitan este permiso para renunciar a las rígidas e inhumanas expectativas que ellos mismos se imponen.

Hay muchas vías diferentes para experimentar el mensaje del cáncer, y las exploraremos a lo largo de este libro. Entretanto, consideremos un poco la forma en que usted maneja el estrés y las tensiones en su vida. ¿No puede abordarlos de alguna otra manera? ¿Necesita una ayuda que no está pidiendo? Si le resulta difícil reconocer sus fuentes de estrés, vuelva a leer la historia de Reid. ¿No puede ver ninguna similitud entre esa vida y la suya?

Si está empezando a reconocer alguno de los beneficios secundarios de su enfermedad, ¡no se disculpe por ello! Ahora mismo, siga adelante y use su enfermedad como excusa para decir que no a cosas que no quiere hacer y para probar otras nuevas. Tome nota de cuáles son estas últimas, porque se trata de pasos positivos en dirección hacia el respeto de sus verdaderas necesidades.

Éste sería un buen momento para hacer una pausa en la lectura y trabajar un poco en su lista de factores estresantes, si todavía no lo ha hecho. Y después, ¡haga algo que le proporcione placer!

El trabajo con un terapeuta

Creo que es una decisión saludable, tanto para el paciente de cáncer como para su principal persona de apoyo, contar con la ayuda de un terapeuta, pero es especialmente importante para el paciente. Durante nuestras sesiones, asignamos un terapeuta a cada pareja. El terapeuta se reúne con el paciente y con su persona de apoyo, individualmente y en conjunto, al comienzo, a mediados y al final de la semana. Les proporciona apoyo durante nuestra exploración intensiva de los aspectos psicológicos del cáncer.

Si usted está buscando a un psicoterapeuta para que le ayude a afrontar su enfermedad, averigüe si tiene experiencia con enfoques físico-mentales o con el enfoque mental, físico y espiritual que usamos en este libro. No importa dónde se haya formado; si está realizando terapias útiles, tendrá una buena reputación en su comunidad. Si su médico no conoce a ningún psicoterapeuta, puede ir al departamento de oncología del hospital de su localidad a hablar con una enfermera, un asistente social o cualquier otra persona que trabaje en estrecho contacto con los pacientes para pedirle que le recomiende a alguien. Cuando acuda a su primera entrevista con el psicoterapeuta, lleve un ejemplar de este libro, o del que escribí con anterioridad *(Recuperar la salud)* o de alguno de los de Bernie Siegel *(Amor, medicina milagrosa* y *Paz, amor y autocuración),** y dígale que le interesa un tratamiento en esa línea para recuperarse.

Tenga cuidado en la evaluación de su psicoterapia. ¿Le ayuda? ¿Se siente mejor después de una sesión? ¿Confía más en su capacidad de recuperación? Tenga en consideración todas estas cosas. Si cree que esa terapia no funciona en su caso, confíe en su juicio y busque a otro terapeuta. Con esto no quiero decir que el trabajo terapéutico no deba ser difícil; probablemente lo sea. Pero pregúntese cómo se siente después de hacerlo, respete sus sentimientos y mantenga su integridad personal.

Una de las cosas que Reid decidió hacer mientras asistía a nuestras sesiones fue buscar la ayuda de un psicoterapeuta para cuando regresara a su casa. Sin duda recordará que al principio él creyó que no necesitaba un psiquiatra porque estaba enfermo y no loco, pero que sin embargo comprobó que a su terapeuta le

* Véase, al final, *Libros recomendados,* pág. 276.

había correspondido un papel importante en la recuperación de su salud.

* * *

Los grupos de apoyo

También muchos pacientes encuentran consuelo y ayuda en grupos de apoyo integrados por enfermos de cáncer. Si bien Reid no pudo contar con un grupo de esta clase en el momento en que estuvo en crisis, ahora en Estados Unidos existen numerosos grupos de apoyo, y en la mayoría de las zonas urbanas hay muchos para elegir.

Evalúe el grupo de apoyo de manera muy semejante a como evalúa su terapia. También en este caso preste atención a lo que experimenta. ¿Cómo se siente antes de ir a la sesión? ¿Y mientras está allí? ¿Y después, cuando vuelve a casa? Si se siente con el ánimo elevado y motivos para vivir, ¡estupendo! Si, por el contrario, sale de casa sintiéndose bien y cuando vuelve se siente fatal, entonces ahí hay algo que no funciona, y es necesario que deje de acudir hasta que se dé cuenta de qué es. Esto no quiere decir que no haya de encontrarse con nada doloroso o triste, pero si el grupo está bien llevado y funciona correctamente, su sentimiento general será positivo. En caso contrario, no se trata de que a usted no le sirvan los grupos de apoyo, sino sólo de que necesita dedicar un tiempo a ver cuál es el mejor para sus necesidades.

Asegurarse la asistencia y el apoyo que necesita puede exigirle una especial atención si se trata de una situación que va contra lo fundamental de su personalidad, es decir, si usted tiende a ser una persona muy independiente o reservada y ha evitado siempre pedir ayuda, como sucede con muchos de nuestros pacientes. Le insisto para que ponga cuidadosamente las bases para este trabajo, asegurándose desde el comienzo un sistema de apoyo que le permita construir sobre los cimientos más firmes que razonablemente pueda establecer. Volveremos a hablar de este tema repetidas veces a lo largo del libro.

Una visión general del trabajo que le espera

El trabajo que hacemos con los pacientes en el Simonton Cancer Center se centra en la premisa básica de que el cáncer es un mensaje de amor. Si una parte importante de la causa del cáncer es que estamos intentando ser alguien que no somos, entonces sanar del cáncer implica abrirnos a quien realmente somos. Nuestros pacientes me han dicho que el trabajo que hacemos con ellos les ofrece «un espejo benévolo» para conocerse de verdad a sí mismos.

He aquí, a grandes rasgos, en qué consiste el proceso.

1. Decida recuperarse. Tome la decisión de hacer cualquier cosa que necesite hacer para ponerse bien, sabiendo que eso lo llevará hacia la alegría y lo apartará del dolor, tanto físico como mental.

2. Decida abrirse a quien usted realmente es, y en el proceso, déjese dirigir por el anhelo y la alegría, déjese guiar por la sabiduría que hay en su interior y a su alrededor.

3. Cultive la confianza en sí mismo (o en sí misma), en los demás, en Dios y en todo lo que existe. Usted puede alimentar esa confianza si actúa con integridad, y esto enriquecerá su relación con los demás y con todo lo que existe.

4. Pida ayuda y ábrase para aceptarla. Al hacerlo, esté alerta a cualquier concepto previo que tenga sobre de dónde y de quién puede esperar ayuda. No se limite a la información que tiene ahora: ábrase a fuentes nuevas.

5. Tome más conciencia de sus pensamientos y sentimientos de culpa, recriminación y fracaso. Asumir la responsabilidad de su salud no quiere decir que haya de culparse por haber enfermado. Y si no mejora tanto como usted piensa que debería, eso

tampoco significa que sea un fracaso. (Más adelante le daré un procedimiento específico para encarar esos sentimientos.)

6. Al mismo tiempo, avance en la dirección de aceptar más responsabilidad por su vida, su salud y su felicidad. Usted no es el único creador de su realidad, pero sí su cocreador. Haga la experiencia de ver hasta qué punto puede usted afectar a su universo.

7. Sienta y reconozca sus emociones, y aprenda a expresarlas de la manera adecuada para usted, manteniendo su integridad personal.

8. Participe activamente en su proceso curativo, con vivacidad, expectativas positivas y entusiasmo.

9. Cultive una actitud de curiosidad afectuosa y vivaz.

10. Tenga pensamientos elevados. Piense en cosas que le eleven y reconforten mental, emocional y espiritualmente.

Esto es sólo una panorámica de lo que enseñamos a nuestros pacientes, no una lista de cosas que hacer. Estas diez acciones estimulan el proceso curativo y conducen al enfermo a su equilibrio físico, mental y espiritual. El trabajo que presento en el libro le ayudará a dar estos pasos. Los ejercicios del capítulo siguiente le ayudarán a ponerse en marcha.

Preste atención a la respuesta de los demás

Si todavía no lo ha hecho, tómese un momento para pensar en el hecho de que al hacer el trabajo que le propone este libro tendrá dificultades con algunas de las personas que hay en su vida.

A medida que empiece a cambiar y a hacer las cosas de otra manera, encontrará resistencias. Sí, a algunas personas les interesará su manera de encarar la enfermedad y se entusiasmarán con ella, pero otras tendrán una reacción muy distinta, que puede ir desde asustarse hasta sentirse molestas. No le ayudarán, e incluso es posible que intenten frenar su progreso. Esto se da con frecuencia en las relaciones laborales y de negocios, especialmente si usted ha sido siempre una persona demasiado buena, a quien se podía recargar de trabajo y con quien se podía contar que llegara temprano y se quedara hasta tarde. Cuando empiece a decirles que no porque tiene que dedicarse a curar su cáncer, puede encontrarse con que la gente que trabaja con usted se molesta. Tenga en cuenta esta posibilidad, y continúe concentrándose en su primera prioridad, que es su salud.

Es casi seguro que tropezará con la resistencia de algunos miembros de su familia. Si usted ha sido siempre el pilar, la persona que siempre estaba dispuesta a ayudar, «increíblemente buena», como les sucede a muchos de nuestros pacientes, los demás se sentirán incómodos cuando empiece a hacer valer sus propias necesidades. Los que suelen sentirse más amenazados y resentidos son los adolescentes. Como ya tienen miedo de perderle, quieren que usted siga siendo como siempre. El marido de una de nuestras pacientes expresaba su incomodidad de manera más sutil, diciendo que lo que quería era volver a tener a su dulce esposa. Un día, su mujer lo miró a los ojos y replicó:

—Si ella resucita, yo me muero.

Es muy difícil explicar los conceptos del trabajo que estamos haciendo juntos, especialmente a personas que no tienen formación previa ni experiencia en este campo. Yo diría que ni siquiera lo intente. A lo sumo recomiéndeles que lean este libro, si les interesa realmente saber algo. Si no consigue explicar este trabajo de manera satisfactoria a otra persona, esta experiencia tenderá a debilitar su confianza en su propia capacidad de recuperarse. Es mejor evitar estas situaciones teniendo ya planeado cómo responder de manera que la gente pueda buscar sus propias respuestas y que, al mismo tiempo, su proceso de descubrimiento y aprendizaje quede adecuadamente protegido.

Otras orientaciones prácticas

Al principio de su experiencia con el cáncer, Reid tomó algunas medidas prácticas que le ayudaron en su trabajo y redujeron su nivel de tensión. Cuando empezó a difundirse la noticia de su enfermedad, escribió una carta a sus amigos pidiéndoles que no le preguntaran por su salud cada vez que lo veían. Reid había descubierto que había días en que podía estar muy tranquilo, sin ni siquiera pensar en la leucemia, hasta que se encontraba en el ascensor con alguna persona bienintencionada que le decía cuánto lamentaba haber sabido que estaba enfermo y le pedía noticias de su salud. Se sentía obligado a estar continuamente hablando del tema, y eso le desanimaba. En la carta sugería a sus amigos que llamaran a su esposa o a su secretaria cuando quisieran saber cómo se encontraba, y que cuando lo vieran se limitaran a darle los buenos días. Este sistema funcionaba bien en su caso.

Sé de otros pacientes a quienes se les hacen pesadas las llamadas telefónicas de gente que les expresa sus buenos deseos. Parece que son muchas las personas que tienen que contar alguna historia escalofriante referida al cáncer, o que están aterradas de saber que usted lo tiene y no saben ocultarlo. A veces se hace difícil defenderse de esas llamadas, especialmente cuando provienen de amigos íntimos o de miembros de la familia. Además de escribirles una carta, otra respuesta podría ser comprarse un contestador automático y hacer un buen uso de él. Grabe cualquier mensaje que desee. Puede decir a los que llaman que está ocupado trabajando por su salud y que cuando tenga un momento ya los llamará, o bien que hoy no puede atenderles, o pedirles que llamen a una tercera persona para pedir información o que dejen un mensaje grabado.

He aquí algunos ejemplos:

> Hola, soy Betty. Si llamáis para saber cómo me fue hoy con la quimioterapia, pues muy bien, pero como me siento un poco cansada no atenderé personalmente el teléfono. Gracias por llamar. Por favor, dejadme un mensaje de aliento cuando suene la señal.

> Hola. Este es el contestador automático de Jack. Estaré internado hasta el martes para que me hagan una serie de pruebas, y me encantaría que me llamarais al hospital,

teléfono 555-9989, habitación 123. También me podéis dejar un mensaje, porque yo llamaré para ver si hay alguno. Gracias. Esperad a que suene la señal.

Hola, soy Al. En este momento estoy descansando, pero me encuentro muy bien. Llamad a mi amiga Jane para saber detalles. Su número es 555-2222. Dejad el mensaje y, por favor, tened paciencia hasta que recibáis mi respuesta. Gracias por llamarme.

Si no quiere que le llamen todos sus compañeros de trabajo, pídale a uno de ellos que tenga a los demás al tanto de lo que desea que sepan.

Por otra parte, quizás a usted le gusta que le llamen por teléfono. Si es así, dígaselo a sus amigos. Si no lo dice, puede pasar que algunas de las personas que más desea que le llamen no se animen a hacerlo. Pida a alguno de sus compañeros de trabajo que le llame cada día, y haga que los miembros de su familia se turnen para llamarlo.

Los días que se someta a tratamiento, intente planear algo bueno para gratificarse después, de modo que no tenga que estar todo el día centrado en algo que posiblemente le resulte desagradable. Que «el día de la quimioterapia» no sea sólo eso: después tómese la tarde libre para pintar, leer o irse al cine. No agregue dificultades a ese día. Después de la quimioterapia, no vuelva a casa a ver qué facturas deberá pagar ese mes. No se someta a un chequeo y después aproveche que su gestor está en el mismo barrio que el médico para ir a verlo por la declaración de renta. Para los días que usted ya sabe que serán duros, proyecte algo que le guste.

Cuando empiece a sentirse mejor, mucha gente vendrá a pedirle que aconseje a otros pacientes de cáncer. Le dirán que se pase por el hospital a ver a un amigo que necesita su ayuda, o que llame a alguien para contarle lo que usted hizo para mejorar.

Tenga cuidado con eso de aconsejar a otros pacientes. Usted necesita seguir concentrando su energía en su propio proceso curativo. Eso no significa que no pueda ayudar, sino que quizá tenga que hacerlo de otra manera. Cuando alguien le pida que hable con un amigo que tiene cáncer, explíquele simplemente que eso no es lo más saludable que usted puede hacer precisamente ahora. Después déle a esa persona el nombre y el número de teléfono de un psicoterapeuta de quien sepa que trabaja en este campo, o sugiérale que le diga a su amigo que lea este libro o algún otro que a usted le haya servido. De esta manera podrá ayudar a otros pacientes sin hacerse daño a usted. Proceda así a no ser que, tras contemplar el asunto con calma, sienta que realmente quiere hablar con alguien. Entonces contará con la ayuda de la sabiduría interior que lo guía. Pero jamás ofrezca ayuda simplemente porque piensa que «debe» hacerlo.

En general, por el momento, piénseselo dos veces antes de ceder a su necesidad de ayudar a alguien. Recuerde que Reid se metió en el asunto de la casa de acogida para drogadictos inmediatamente después de haber recibido el diagnóstico. Más adelante se dio cuenta de que estaba cometiendo el error de prestar atención a problemas externos en vez de dedicar sus esfuerzos a su propia vida y a su salud. Por ahora, siga centrando la atención en usted.

Resumen

Aunque en este capítulo no he tocado más que conceptos generales y ofrecido algunas sencillas sugerencias prácticas, la información que usted ha recibido es importante para crear una base firme para el trabajo que le espera. Le ruego ahora que se formule las siguientes preguntas:

- ¿Se ha reservado un momento y un lugar especiales para realizar todos los días su trabajo curativo?
- ¿Ha comprometido en ese trabajo a su principal persona de apoyo?
- ¿Quiénes constituyen su equipo de apoyo? ¿Qué papel le gustaría que desempeñe cada persona?
- ¿Se ha detenido a pensar en la conveniencia de contar con

un psicoterapeuta?
- Si ya está haciendo terapia, ¿qué impresión tiene del trabajo realizado hasta ahora?
- Si se ha incorporado a un grupo de apoyo, ¿cómo se siente antes y después de las sesiones?
- ¿Ha identificado los cambios y las fuentes de estrés que ha habido en su vida durante los últimos dieciocho meses?
- ¿De qué manera ha decidido responder a las preguntas de sus amigos y su familia sobre su salud?
- Cuando mejore, ¿cómo responderá a las personas que le pidan que visite a otros pacientes?
- ¿Qué ha hecho para gratificarse por el duro trabajo que tan bien está realizando?

Sus respuestas a estas preguntas pueden servirle para evaluar si está o no en condiciones de pasar al capítulo siguiente. Quizá crea que necesita dedicar más tiempo a establecer su programa de curación, o tal vez crea que necesita seguir adelante. Deje que sus sentimientos y su nivel de energía determinen su plan y sus horarios, y siga avanzando a su propio ritmo, de la manera que le resulte más cómoda.

Programa de sesiones para los pacientes del Simonton Cancer Center

Día	*Temas que abarca*	*Dónde encontrar en el libro* la información relativa a esta sesión*
Domingo	Información general sobre el programa	Capítulos 1 y 3
Lunes	Meditación y visualización La conexión mente-cuerpo	Capítulo 4
Martes	El plan de salud para dos años (propósito en la vida, juego, meditación, nutrición, apoyo, ejercicio) Significado de la enfermedad	Capítulo 5 Carta 9 y comentarios Capítulos 3 y 4 Cartas 1, 4, 5, 6 y comentarios
Miércoles	Sistemas de apoyo El apoyo principal Sistemas de apoyo familiar Apoyo médico Psicoterapia Grupos de apoyo Sabiduría interior, esperanza y confianza Responsabilidad, culpa y reproche La persona de apoyo	Capítulo 3 Carta 15 y comentarios Cartas 13, 14 y comentarios Cartas 16, 17, 18 y comentarios Capítulo 3 Capítulo 3 Capítulo 4 Cartas 1, 4, 5, 6, 7 y comentarios Capítulo 3 Cartas 2, 3, 18 y comentarios
Jueves	La muerte La recurrencia	Capítulo 4 Capítulo 1 Carta 19 y comentarios
Viernes	Mantenerse bien	Capítulos 3 y 6

* Se da la lista de las fuentes principales, pero estas materias se repiten a lo largo de todo el libro en el contexto de temas afines.

4

Visualización y sabiduría interior

El poder de la mente, el poder del espíritu

La visualización es una de las formas de curación más antiguas que existen en el planeta. Entiendo por «visualización» las imágenes producidas por todas las operaciones de la imaginación, tanto conscientes como inconscientes. Hace más de veinte años que estudio e investigo el uso de la visualización para recuperar la salud.

A su imaginación le ha cabido ya un importante papel en su enfermedad. Vuelva a pensar en lo que experimentó cuando le comunicaron el diagnóstico y durante la conversación posterior referente al tratamiento y al pronóstico. ¿Qué pensamientos le surgieron? ¿Cómo se sintió? ¿Básicamente tenía esperanzas, imaginándose la recuperación, o más bien tenía miedo y le parecía que algo espantoso le iba a suceder? Lo más probable es que haya tenido una combinación de imágenes positivas y negativas, saludables y malsanas. Y todo eso afecta a su cuerpo en el nivel celular.

Estas imágenes se relacionan con sus creencias sobre la naturaleza de su enfermedad y del tratamiento en general, y también con sus creencias sobre cómo serán su tratamiento y su experiencia personal. Recuerde que las creencias que más nos inquietan suelen estar basadas en nuestra interpretación de los hechos, y no en los hechos mismos. Usted puede aprender a cambiar las creencias que le dan miedo o que son malsanas por otras saludables. Y eso le ayudará a recuperarse.

¿Cómo puede uno decir si lo que cree es o no saludable? Hay muchas maneras, pero el método que usamos con nuestros pacientes fue creado por C. M. Maultsby, de la Facultad de Medicina de la Universidad de Howard, quien ideó una sencilla prueba de cinco preguntas para evaluar si una determinada creencia es sana o no lo es.

Pregúntese:

1. Esta creencia, ¿me ayuda a proteger mi vida y mi salud?
2. ¿Me ayuda a alcanzar los objetivos que me he fijado a corto y largo plazo?
3. ¿Me ayuda a resolver o a evitar mis más difíciles conflictos (ya sea que se trate de conflictos internos o con otras personas)?
4. ¿Me ayuda a sentirme como me quiero sentir?

Y si el caso lo requiere, pregúntese también:

5. ¿Se basa en hechos esta creencia?

Si responde con un sí a tres o más de estas preguntas, entonces se considera que la creencia que usted tiene es relativamente sana. Si hay menos respuestas afirmativas, o no hay ninguna, es importante que cambie su creencia por otra más saludable.

La razón de que prestemos tanta atención a las creencias cuando trabajamos con pacientes de cáncer es que las creencias generan emociones, y como ya hemos visto, las emociones son una importante fuerza movilizadora del sistema inmunitario y de otros sistemas de curación. Las imágenes sanas aumentan el sentimiento de poder y de bienestar, y favorecen la paz anímica. Refuerzan el sentimiento de estar conectado con la sabiduría interior, con los demás, con el mundo y con el universo. Y ayudan a mantener el sistema inmunitario en perfectas condiciones, para que trabaje en un nivel óptimo.

Las emociones neutras —los sentimientos de calma, paz y

tranquilidad— también tienen un efecto saludable sobre los sistemas de curación del cuerpo.

En cambio, las emociones negativas prolongadas tienen un efecto malsano.

Un plan para cambiar sus creencias y lograr un mayor dominio emocional

El momento más efectivo para trabajar con sus creencias es cuando esté sufriendo un dolor emocional, porque entonces será más fácil identificar las creencias malsanas. Se le hará claro que las emociones que no desea están creando interferencias en su vida si, por ejemplo, el miedo no le permite dormir. He aquí un procedimiento para trabajar con sus creencias.

Paso 1 Identifique la emoción que siente. (En el ejemplo que sigue usaré el miedo.)

Paso 2 Coja un papel y dibuje una línea vertical que lo divida en dos columnas.

Paso 3 En la columna de la izquierda, escriba cinco o más creencias que produzcan la emoción.

Paso 4 Vaya evaluándolas una por una con las preguntas de Maultsby.

Paso 5 Para cada creencia malsana, escriba en la columna de la derecha otra más saludable, incompatible con la primera.

Paso 6 Conserve el papel y cuando sienta esa emoción no deseada lea su lista. (Es probable que necesite hacerlo entre dos y veinte veces al día.)

Paso 7 Además, tres veces al día, en un estado tranquilo y relajado (utilice la respiración como ayuda para relajarse), imagínese las creencias saludables. Hágalo durante tres semanas por lo menos, o hasta que las nuevas creencias se hayan convertido en sus nuevas actitudes inconscientes.

He aquí la lista que escribió una mujer que llegó al Centro con un cáncer de mama en etapa avanzada. Se estaba sometiendo a quimioterapia, pero su salud seguía deteriorándose, y la paciente estaba llena de miedo por sí misma y por su única hija, una niña de seis años.

EL MIEDO

1. A pesar de lo que haga yo o alguien, en un par de años voy a morirme y dejaré sola a mi hija.	1. En un par de años puedo o no estar viva, y lo que yo haga es muy importante, marcará la diferencia.
2. Voy a estar muy enferma e incapacitada, y seré una carga para mí y para los demás.	2. Puede ser que esté o no enferma, y lo que yo haga es muy importante, marcará la diferencia.
3. Todas mis creencias y sentimientos malsanos me están haciendo empeorar, y no puedo hacer nada para cambiarlos.	3. Todas mis creencias y sentimientos malsanos me están haciendo empeorar, y de mí depende cambiarlos.
4. Quizá pueda recuperarme, pero jamás podré conservar la salud y mantener alejado el cáncer.	4. Puedo recuperarme, y soy capaz de conservar la salud y mantener alejado el cáncer.
5. Necesito darme prisa para hacer estos cambios, pero no dispongo del tiempo suficiente, especialmente porque no sé cómo hacerlos.	5. Tengo todo el tiempo que precise para hacer los cambios que necesito hacer, ¡y sé qué es lo que tengo que hacer hoy!
6. Es factible, pero no soy capaz de hacerlo.	6. Es factible, y soy capaz de hacerlo.

Su lista no sólo revelaba sus miedos relativos al cáncer, sino también el miedo que tenía de «fallar» y no ser capaz de mejorar a tiempo su estado mental y emocional. Al trabajar con sus creencias más sanas con su marido (que estaba muy dedicado a ella y a su hija), su desesperanza y su agitación empezaron a disminuir, y comenzó a dormir mejor y a sentirse más fuerte de lo que se había sentido en mucho tiempo.

Observe que no utilizo la expresión «pensamiento positivo», sino que hablo de «pensamiento sano o saludable» o de «creencias sanas o saludables». Esta distinción es importante.

La mayor diferencia entre el pensamiento «positivo» y el pensamiento «sano» (o saludable) se relaciona con los aspectos objetivos de la creencia, con aquello que se basa en los hechos. Por ejemplo:

Pensamiento malsano	Independientemente de lo que haga, en dos años me habré muerto.
Pensamiento positivo	De aquí a dos años seguiré estando vivo y sano.
Pensamiento sano	De aquí a dos años puedo o no estar vivo, y mucho depende de lo que yo haga.

Como podemos ver en este ejemplo, el pensamiento positivo es más saludable que el pensamiento negativo o malsano. El problema es que el pensamiento positivo no se pone necesariamente de parte de los hechos de la naturaleza ni de la vida real. Estamos intentando desarrollar creencias basadas en hechos, y el pensamiento sano se pone de parte de la realidad.

Si ahora vuelve usted a fijarse en la experiencia de Reid, verá cómo su vida y su salud cambiaron a lo largo de los años, a medida que cambiaban sus creencias. Al principio, su mente estaba profundamente atrincherada en algunas creencias muy malsanas, como por ejemplo, la de que se merecía la leucemia por haber estropeado la vida de su hijo. Sin embargo, al trabajar con sus creencias y abrirse al cambio, terminó por creer que las experiencias de su hijo lo habían motivado para avanzar hacia la salud. Reid no podía cambiar lo que le había sucedido a su hijo, pero sí podía cambiar sus propias creencias sobre ello. Este cambio en su pensamiento tuvo lugar a lo largo de varios años, y se produjo después de haber pasado muchísimo tiempo trabajando en sus creencias en un nivel muy profundo.

Ahora me gustaría que echara usted una mirada a sus propias creencias sobre su enfermedad y su tratamiento. Tómese unos momentos para poner por escrito lo que cree que es la verdad sobre el cáncer en general y sobre su propio diagnóstico y el tratamiento que le han prescrito. Después plantéese las cinco preguntas de Maultsby (al principio de este capítulo) para evaluar sus creencias.

Si sus creencias son malsanas, piense que no es usted la única persona que las tiene. Nuestras creencias culturales sobre el cáncer son muy malsanas, lo mismo que nuestras creencias sobre los diferentes tratamientos y sobre la capacidad que tiene el cuerpo de curarse a sí mismo. Culturalmente, se nos ha enseñado que el cáncer es una enfermedad muy resistente, que nos devora desde dentro. Se cree que los tratamientos son crueles y su eficacia cuestionable. Tenemos poca confianza en la capacidad del cuerpo de sanarse solo. Todas estas creencias son malsanas y no se basan en hechos.

Voy a ayudarle a que empiece a cambiar sus creencias sobre el cáncer dándole tres creencias saludables sobre esta enfermedad para que pueda empezar a trabajar con ellas:

1. El cuerpo tiene una capacidad natural para sanar y vencer al cáncer. Cuando en el laboratorio se colocan juntas células cancerosas y células normales, jamás se ha podido demostrar que las cancerosas atacaran o destruyeran a las normales. ¡Jamás! Y sin embargo, en las mismas condiciones, los glóbulos blancos atacan y destruyen regularmente a las células cancerosas. El cáncer, como tal, está formado por células débiles, desordenadas y deformadas.

2. El tratamiento médico puede ayudar a que su cuerpo sane, haciendo de usted un aliado en su proceso de recuperación.

3. El cáncer es un mensaje que indica la necesidad de cambiar. Le comunica que usted necesita hacer más cosas que le

proporcionen alegría y satisfacción y menos cosas que le provoquen sufrimiento emocional, que necesita aprender a reaccionar de manera saludable a las tensiones de la vida. Y este es un mensaje de amor. Si lo atiende y actúa en función de él, le ayudará a ponerse de parte de su naturaleza auténtica y a influir de manera significativa en la capacidad de su cuerpo para eliminar el cáncer.

Cuando se empieza a aprender una creencia que entra en conflicto con una creencia antigua, al principio la creencia nueva suele parecer «equivocada». Esta experiencia es tan común que los psicólogos la designan con una expresión formal —«disonancia cognitivo-emocional»— que significa simplemente que lo que uno siente todavía no coincide con lo que piensa. Esta sensación de «equivocación» se mantiene hasta que la nueva creencia se convierte en una actitud inconsciente. Es importante darse cuenta de que es natural experimentar esos sentimientos de incomodidad. Es un poco como ir a Inglaterra y conducir por la izquierda cuando hasta entonces uno no ha conducido más que por la derecha. Al principio parece algo «equivocado» y resulta muy incómodo, pero con la práctica uno se va sintiendo poco a poco más cómodo, y ya puede conducir con poco esfuerzo consciente.

Lo mismo le sucederá cuando trabaje para cambiar sus creencias sobre el cáncer. Al principio quizá sienta que el trabajo es muy frustrante y artificial o, como dicen a veces nuestros pacientes, que «suena a falso». Pero poco a poco las nuevas creencias pasarán a formar parte de su actitud inconsciente, y usted comprobará que con poco esfuerzo van aflorando imágenes y pensamientos más saludables.

La meditación y el uso consciente de la visualización son esenciales para conseguir estos cambios, y constituyen el instrumento básico para crear intencionadamente creencias nuevas y llegar a convertirlas en actitudes inconscientes. La meditación y la visualización se utilizan para relajarse y disfrutar, pero también pueden ayudarle a introducir cambios concretos en su salud y en su vida. Empezaremos por usar su imaginación para cambiar lo que usted cree sobre su enfermedad, su tratamiento y la capacidad que tiene su cuerpo de sanarse solo.

Meditación y visualización

Le sugiero enfáticamente que aborde los ejercicios de meditación que propone est[illegible]ítulo de la siguiente manera: Al llegar a cada ejercicio de me[illegible]éalo una vez desde el principio hasta el final. Despué[illegible]ambién sólo una vez (más adelante le explicaré cóm[illegible] cualquier cosa que quiera recordar, y por el resto del [illegible]da el trabajo. El quinto ejercicio de meditación de e[illegible]o es optativo.

Desp[illegible]er practicado una vez cada ejercicio de meditación, e[illegible] que crea que satisface mejor sus necesidades inmedia[illegible]aje con él, usándolo para meditar entre una y tres ve[illegible], durante tantos días como necesite para encontrarse [illegible] haciéndolo. Entonces puede empezar a trabajar con [illegible] dependiendo de sus necesidades y deseos. Observar[illegible]a meditación incluye el mismo ejercicio respiratori[illegible]udarle a relajar la mente. Puede realizarlo en cualq[illegible]e y en cualquier momento en que sienta necesidad de [illegible]

[illegible]acédase de seis a ocho semanas para habituarse a meditar co[illegible]gularidad. Vaya ajustando las meditaciones a sus necesidades y adaptando el número de veces diarias que medita y la duración de las meditaciones hasta encontrar un sistema que le resulte cómodo.

Si nunca había meditado antes, no se preocupe por la forma de hacerlo. Es un proceso simple que cualquiera puede aprender. Recuerde que usted siempre ha usado su imaginación. Tal vez prefiera que alguien le lea o le grabe cada meditación, pero también puede hacerlo usted; muchas personas encuentran que el sonido de su propia voz grabada les resulta de gran ayuda. Reid se pasó mucho tiempo preparando sus propias grabaciones.

Hay muchísimos libros sobre meditación, y también cintas de audio y de vídeo. Si le interesa el tema, no le costará encontrar información, y creo que es saludable probar otros métodos después de haber trabajado unas seis u ocho semanas con estas meditaciones básicas. Yo le diría que mantenga constante su forma principal de meditación y no experimente con una forma nueva antes de haber practicado por lo menos tres veces seguidas la principal. En los ejercicios de meditación de este libro empezamos el proceso de relajación respirando conscientemente y relajando el cuerpo, partiendo desde la cabeza y descendiendo hasta los dedos de los pies. Si prefiere empezar por los pies e ir subiendo hacia la cabeza, limítese a modificar la descripción del proceso a medida que lo va grabando.

En la actualidad yo medito entre una y tres veces diarias durante unos quince minutos cada vez. Para mí, la meditación es una prioridad, de modo que es la forma en que generalmente inicio cada día. En cierta época, Reid se pasaba muchas horas diarias meditando, y todavía lo hace durante un breve rato todas las mañanas.

Si usted cree realmente que le va a ir bien y practica cualquiera de las meditaciones de este capítulo tres o cuatro veces diarias durante diez o quince minutos, es muy probable que vea progresos entre tres y seis semanas después: empezará a notar que de sus nuevas creencias saludables emergen emociones positivas o neutras.

La primera meditación que le daré le ayudará a comenzar su trabajo curativo mediante la creación de imágenes basadas en las tres creencias saludables sobre el cáncer a las que me he referido antes.

Le sugiero que se limite a buscar un lugar tranquilo, haciendo saber a quienes le rodean que necesita cierto tiempo para estar en soledad sin que nadie le distraiga. Tal vez sea mejor que se siente para meditar en lugar de tumbarse, para no dormirse. Un asiento cómodo estará muy bien: no es necesario que se siente en el suelo con las piernas cruzadas ni en ninguna otra posición. Regule la temperatura de la habitación de manera que le resulte cómoda.

Cuando medite, trabaje con imágenes simples. La simplicidad

le ayudará a mantener la concentración. Cuanto más complicadas sean las imágenes, más tenderá a dispersarse, y eso hará que la visualización pierda intensidad y eficacia.

También es importante que sea paciente con usted. Si nunca ha meditado, quizás al principio le resulte difícil, de modo que concédase tiempo para aprender el proceso y para apreciar el valor que tiene. Procure mantener la curiosidad por saber lo que puede hacer por usted la meditación, e intente tomar conciencia de cualquier idea preconcebida de que «esto no funcionará». Experimente con la meditación. Vea cómo funciona en su caso. Básicamente, es un recurso puesto al servicio de la salud, una manera de cambiar sus creencias y sus emociones para que puedan ayudarle a recuperarse.

Primera meditación

Cómo cambiar las creencias sobre el cáncer

Una vez que se haya sentado cómodamente, haga inspiraciones lentas y profundas, y cuando exhale dígase mentalmente: «Relájate». Preste atención a su respiración y siga repitiendo «Relájate» al exhalar. Cuando se sienta preparado (o preparada), cierre los ojos...

Mientras sigue respirando profunda, lenta y cómodamente, comience a observar cualquier tensión que sienta en la cabeza y en el cuero cabelludo, y al exhalar deje que se relajen. Inhale, exhale, y siga diciéndose mentalmente «Relájate»... Observe cualquier tensión que sienta en la mandíbula y deje que se relaje...

Respire profunda, lenta y cómodamente, y siga dejando que su cuerpo se relaje. Deje que se relajen el cuello y los hombros... los brazos y las manos...

Ahora deje que se relaje la espalda... y después el pecho... y luego el abdomen... y finalmente la pelvis. Esto permite que el corazón, los pulmones, el estómago, todos sus órganos, también se relajen. Respire profunda, lenta y cómodamente... y relájese...

Siga descendiendo y deje relajar las caderas... y las piernas... y los pies...

Y ahora, con el cuerpo más relajado, empiece a visualizarse en un lugar donde se siente a salvo, a gusto, fuera de peligro. El lugar puede ser real o imaginario, un lugar donde haya estado o uno que no haya visto jamás en su vida. Tómese un momento para visualizar ese lugar seguro y cómodo mientras sigue respirando lenta, profunda y cómodamente...

Y ahora concentre el pensamiento en su cuerpo... Imagínese que su cuerpo es fuerte y sabio, que sus glóbulos blancos son fuertes y numerosos y totalmente capaces de cuidar de usted... Inspire profundamente... exhale... y relájese... Recuerde que el cáncer, en sí mismo, está compuesto de células débiles y deformadas que el cuerpo elimina fácilmente...

Imagine que su tratamiento le ayuda... Imagine que su tratamiento es un amigo que le ayuda a recuperarse... Puede imaginarse que su tratamiento debilita las células cancerosas o fortalece y multiplica los glóbulos blancos (según la forma en que usted entiende que actúa el tratamiento)... Su tratamiento está actuando de la forma más apropiada para su situación.

Ahora visualícese sintiendo alborozo y entusiasmo por su tratamiento... Imagine que, para sanar, su cuerpo coopera con el tratamiento elegido...

Imagine después que el cáncer es un mensajero, y que le transmite un mensaje proveniente de una fuente de amor, haciéndole tomar conciencia de lo que usted necesita cambiar para ser más fiel a quien realmente es... apartarse del dolor y acercarse a la paz y la alegría... Imagine que su cáncer le ha traído este mensaje de una fuente de amor...

Y ahora visualice un paso que usted puede dar para actuar según este mensaje y cambiar... un paso que puede dar para ser más fiel a quien realmente es... o un paso que puede dar para que le ayude a sentir menos dolor en su vida...

Comprométase a emprender esa acción y decida en qué fecha dará el primer paso...

Imagine cómo se sentirá cuando empiece a recuperar su estado natural de salud... Sus glóbulos blancos van en aumento y fácilmente hacen desaparecer de su cuerpo las células cancerosas... El cáncer ahora va disminuyendo, se va alejando, está abandonando su cuerpo, tras haber servido como un mensajero que le informó de la necesidad de hacer cambios en su vida...

Ahora vuelva a tomar conciencia de su respiración... Concén-

trese en volver a tomar conciencia de la habitación... en volver a su estado de conciencia normal, con un sentimiento de calma y de paz.

Inmediatamente después de haber completado este ejercicio de meditación, ponga por escrito qué acción va a emprender para que en su vida haya más alegría y menos dolor. Asuma el compromiso con esa acción anotando también cuándo va a dar ese primer paso. Recuerde que es mejor empezar ahora mismo dando un paso pequeño que esperar a más tarde para dar uno mayor.

Nuestra sabiduría interior no siempre nos da inmediatamente las respuestas. Si usted todavía no ha recibido ninguna, créese una respuesta a partir del nivel consciente. Y al actuar según esa respuesta, mantenga su mente abierta a las orientaciones provenientes de un nivel más profundo, que pueden aflorar a la superficie durante la meditación o en cualquier otro momento durante los días siguientes. Cuando le llegue una respuesta, tome nota de ella y úsela como guía para la acción.

A medida que siga trabajando con esta meditación, irá aprendiendo otras creencias más sanas sobre el cáncer, que luego se convertirán en una actitud inconsciente más saludable. Usted puede evaluar muy fácilmente su propio progreso en el aprendizaje. Tome conciencia de su respuesta emocional automática cuando actualmente oye o lee algo sobre el cáncer (en los telediarios, en los periódicos, en revistas, en el consultorio del médico, en el hospital, en su grupo de apoyo). Después compárela con su respuesta emocional automática tras unas pocas semanas de trabajo.

Preste atención a sus niveles de energía y adapte su práctica con la visualización a sus propias necesidades. El objetivo de este trabajo de meditación, o de cualquier otro, es enriquecer su vida y su salud por mediación de un pensamiento intencionado y consciente.

Si el trabajo con la meditación le parece frustrante, piense de dónde proviene esa frustración. ¿Se está creando imágenes tan complejas que no puede recordarlas? Aténgase a imágenes simples. ¿Necesita más información sobre cómo actúa su tratamiento para visualizarlo derrotando al cáncer o fortaleciendo su sistema inmunitario?

Con frecuencia pido a mis pacientes que me expliquen cómo creen que funciona su tratamiento, para que así podamos aclarar cualquier malentendido y ellos puedan aceptarlo con confianza. Si el paciente está recibiendo quimioterapia, trabajamos para aclarar la imagen que tiene de lo que pasa con las células cancerosas sometidas a su ataque. Las células cancerosas son células débiles, confundidas y vulnerables, y constituyen un blanco fácil para la medicina, en tanto que las células normales son mucho más fuertes y capaces de resistir el efecto tóxico de ésta.

Los pacientes de nuestro Centro se imaginan detalladamente la totalidad del tratamiento, como si pudieran ver el interior de su cuerpo y observar la acción de cada célula individualmente. Con frecuencia visualizan el fármaco que se les administra como minúsculas píldoras o diminutas gotas de líquido que se mueven rápidamente por el cuerpo hasta el lugar donde las células cancerosas ingieren la medicina. Algunos pacientes se imaginan que las células cancerosas estallan y las células sanas acuden a limpiar los desechos. Otros ven cómo las células cancerosas se van debilitando cada vez más hasta que mueren. También hay quienes se imaginan que ellos mismos son glóbulos blancos que se mueven por el torrente sanguíneo dirigiendo a los demás para que destruyan las células cancerosas. Nosotros insistimos mucho, además, en la inteligencia de las células normales, que se dan cuenta de que la quimioterapia no es para ellas. Esto ayuda a reducir los efectos secundarios. Si el paciente se está preparando para cirugía, le hacemos trabajar para que se imagine que el cirujano y el equipo de la sala de operaciones son personas tranquilas y seguras de sí mismas, que la operación va sobre ruedas, el cáncer queda extirpado y el cuerpo sana rápidamente. Pida toda la información que necesite para visualizar el mejor resultado posible de su tratamiento.

Las imágenes que funcionan bien para usted pueden cambiar con el tiempo. Si se producen, respete esos cambios. Lo esencial es visualizar el cáncer como el elemento débil, confrontado por un cuerpo fuerte y un tratamiento eficaz.

Una vez que han encontrado las imágenes que les parecen adecuadas para ellos, muchos pacientes las graban como parte de esta meditación. Con frecuencia, además, llevan las cintas consigo cuando van a recibir tratamiento, porque les ayuda a relajarse, reduce las distracciones y favorece así el efecto del tratamiento.

¿Le parece que la meditación es demasiado larga y agotadora? Hágala con menos frecuencia o divídala en sectores. Por ejemplo, durante una meditación podría trabajar visualizando el tratamiento como un amigo, y después en otra imaginarse al cáncer como un mensajero. Cuando se sienta cómodo con ambas imágenes, vuelva a combinarlas en una única meditación.

Es sumamente importante que haga este trabajo a su propio ritmo. Si sigue sintiendo que su nivel de energía desciende después de la meditación, busque la ayuda de algún experto en terapia psicológica para personas con cáncer. La finalidad de la meditación es incrementar su sentimiento de bienestar y su nivel de energía.

Le sugiero que en este momento haga un descanso en su trabajo y que la sección siguiente la empiece mañana, o al menos después de haber descansado.

El uso de la visualización y la meditación para desarrollar la confianza y la sabiduría interior

El trabajo de la imaginación se puede dividir en procesos mentales y procesos espirituales. Tanto a los pensamientos, los recuerdos y las ideas como al aprendizaje, la memorización y la desensibilización (la práctica de volver mentalmente una y otra vez a algún contenido de la conciencia para disminuir la influencia que éste tiene sobre el estado emocional) se los podría considerar procesos mentales. Y a la intuición, las sensaciones viscerales, las corazonadas, las respuestas a plegarias y los mensajes recibidos durante la meditación se los podría considerar procesos espirituales.

En las meditaciones se puede usar tanto los aspectos mentales de la imaginación como los espirituales, creando intencionadamente imágenes mentales y siendo receptivo a las imágenes espirituales.

Muchos de mis pacientes me preguntan cómo diferenciar una conversación consigo mismos que se produce dentro de la cabeza y un verdadero mensaje interior inspirado por el espíritu. Yo pienso que, ante todo, un mensaje inspirado por el espíritu viene acompañado de un sentimiento de certidumbre. Por ejemplo, digamos que yo tuviera cáncer y en la meditación preguntara si será esa la causa de mi muerte. Si primero oigo un «sí» y después un «no» y después empiezo a discutir conmigo mismo qué podría suceder, qué debería suceder y qué sucedió en el pasado, yo diría que evidentemente eso no era un mensaje espiritual.

Si por otra parte, al hacer la misma pregunta en meditación, tuviera una fuerte sensación de certeza, acompañada de la idea «En este momento estoy vivo», aceptaría esta respuesta y la usaría a modo de orientación o guía, porque significaría que mi pregunta referente a morirme de cáncer no viene al caso, y que lo importante es concentrarme en el hecho de que hoy estoy vivo. Actuaría según ese mensaje y me preguntaría qué puedo hacer en el momento actual para rendir homenaje al hecho de que en este preciso instante estoy vivo.

En la primera meditación nos centramos en los procesos mentales: usted visualizaba su cuerpo, el cáncer y el tratamiento. Hacia el final de la meditación el foco se ensanchaba y empezaba a incorporar procesos espirituales al trabajo de la imaginación: consideraba la posibilidad de que el cáncer fuese el mensajero de una fuente de amor. En la meditación siguiente, profundizará más en los procesos espirituales, avanzando en la exploración de sus creencias sobre la naturaleza del cáncer.

Tal como lo hizo en la meditación anterior, si quiere puede grabar la siguiente, o bien pedir a otra persona que lo haga o que se la lea en voz alta.

Segunda meditación

Para desarrollar la confianza

Una vez se haya sentado cómodamente, haga inspiraciones lentas y profundas, y cuando exhale dígase mentalmente: «Relájate». Preste atención a su respiración y siga repitiendo «Relájate» al exhalar. Cuando se sienta preparado (o preparada), cierre los ojos...

Mientras sigue respirando profunda, lenta y cómodamente, comience a observar cualquier tensión que sienta en la cabeza y en el cuero cabelludo, y al exhalar deje que se relajen. Inhale, exhale, y siga diciéndose mentalmente «Relájate»... Observe cualquier tensión que sienta en la mandíbula y deje que se relaje...

Respire profunda, lenta y cómodamente, y siga dejando que su cuerpo se relaje. Deje que se relajen el cuello y los hombros... los brazos y las manos...

Ahora deje que se relaje la espalda... y después el pecho... y luego el abdomen... y finalmente la pelvis. Esto permite que el corazón, los pulmones, el estómago, todos sus órganos, también se relajen. Respire profunda, lenta y cómodamente... y relájese...

Siga descendiendo y deje relajar las caderas... y las piernas... y los pies...

Y ahora, con el cuerpo más relajado, empiece a visualizarse en un lugar donde se sienta a salvo, a gusto, fuera de peligro. El lugar puede ser real o imaginario, un lugar donde haya estado o uno que no haya visto jamás en su vida. Tómese un momento para visualizar ese lugar seguro y cómodo, mientras sigue respirando lenta, profunda y cómodamente...

Cuando esté preparado (o preparada), empiece a imaginarse que ha nacido en un mundo donde su destino es ser una persona feliz y sana, y sentirse profundamente satisfecha... Imagine que lleva consigo un mapa genético, es decir, una especie de guía para que pueda realizar sus potencialidades durante toda una vida larga y plena... Cuando tenga todas las piezas, cuando el diseño se haya completado, tras una vida de plenitud, usted sentirá un profundo sentimiento de realización total. Visualice cómo esa pauta o diseño se le va comunicando a lo largo de toda la vida... mediante mensajes silenciosos, sutiles, esas cosas a las que llamamos instinto, intuición, sensación visceral, sabiduría interior...

Imagine que la dirección de su senda cuenta con el apoyo del mundo entero, del universo entero... con el apoyo de la armonía, la alegría y la realización...

Visualice ahora cómo han sido para usted las cosas desde que nació... Recuerde los ruidosos mensajes que llegaban a su vida, diciendo «Haz esto» y «No hagas lo otro»... Recuerde las voces que le decían «Haz esto si quieres que te amen» o «No hagas aquello si quieres que te amen»... «¡Sé así!» y «¡No seas así!»... «¡Haz esto!» y «¡No hagas lo otro!»

Visualice cómo esas voces gritonas sofocaban las sutiles y suaves voces de su entusiasmo, sus sueños y su imaginación, y recuerde cómo usted, igual que los demás, siguió a las voces gritonas... Visualice cómo el mundo entero, el universo entero, ha tratado de hacerle retroceder, a veces valiéndose de la frustración, del dolor o de la enfermedad para impedirle que avanzara más allá del punto donde se encuentra...

Y ahora imagine que usted entiende mejor lo que ha pasado y lo que está pasando en su vida... Imagine que está prestando más atención a lo que le hace sentir bien y lo que le hace sentir mal, reconociéndolo como señales para seguir adelante o para detenerse... Comprométase a rendir honor a esos sentimientos cuando los reconozca... Rinda honor a los mensajes que llegan desde el mundo entero, a la creencia de que todo el universo quiere que usted sea quien es y le ayudará a serlo...

Y ahora visualice cómo se calma y se sosiega... para escuchar su instinto, su intuición, sus sensaciones viscerales, su sabiduría interior... para escuchar una sabiduría interior que le conduce hacia una alegría y una satisfacción más profundas... lejos del dolor, la frustración y la enfermedad.

Imagine que el mundo entero, el universo entero, se regocijan porque su júbilo se siente por todas partes, y su armonía se suma a la de todo el mundo, del universo entero...

Y ahora visualícese abriendo los ojos y regresando a la habitación con un sentimiento de alegría y de armonía... Y lentamente empiece a tomar conciencia de dónde está, y de la luz y los ruidos de la habitación... Y cuando esté preparado (o preparada), abra los ojos y regrese a su conciencia de vigilia con un sentimiento de calma y de paz.

Ésta es una manera de empezar a tener más confianza y seguridad en uno mismo, en el mundo y en el universo. Así usted está profundizando su relación consigo mismo, con su mundo, con su universo, con todo lo que existe. En esta meditación, usted asume la creencia de que las fuerzas creativas que hay en nosotros y a nuestro alrededor son buenas y están ahí para ayudarnos, de que saben lo que es mejor para nosotros y nos dan lo que necesitamos porque nos aman y nos entienden. En la serie de cartas seguiremos trabajando con estos conceptos.

Practicar con esta meditación puede exigirle una gran cantidad de energía, y después probablemente usted tendrá muchos pensamientos profundos. Le aconsejo que suspenda el trabajo por hoy y que lo continúe mañana, o dentro de un rato si así lo desea. Mientras tanto, le recomiendo que haga algo que le guste, que le proporcione alegría o paz, o que se dedique a alguna actividad que sienta que es beneficiosa y satisfactoria para usted.

* * *

El trabajo con su sabiduría interior

En la primera meditación usted consideró la posibilidad de que el cáncer pudiera ser el portador de un mensaje. En la segunda, empezó a trabajar con la posibilidad de que este mensajero provenga de una fuente que está tratando de orientarle hacia la salud y hacia una vida llena de alegría. Ahora iremos un paso más lejos; volveremos a profundizar en los procesos espirituales, intentando que usted se conecte inequívocamente con su sabiduría interior.

Tercera meditación

La comunicación con su sabiduría interior

Una vez se haya sentado cómodamente, haga inspiraciones lentas y profundas, y cuando exhale dígase mentalmente: «Relájate». Preste atención a su respiración y siga repitiendo «Relájate» al exhalar. Cuando se sienta preparado (o preparada), cierre los ojos...

Mientras sigue respirando profunda, lenta y cómodamente, comience a observar cualquier tensión que sienta en la cabeza y en el cuero cabelludo, y al exhalar deje que se relajen. Inhale, exhale, y siga diciéndose mentalmente «Relájate»... Observe cualquier tensión que sienta en la mandíbula y deje que se relaje...

Respire profunda, lenta y cómodamente, y siga dejando que su cuerpo se relaje. Deje que se relajen el cuello y los hombros... los brazos y las manos...

Ahora deje que se relaje la espalda... y después el pecho... y luego el abdomen... y finalmente la pelvis. Esto permite que el corazón, los pulmones, el estómago, todos sus órganos, también se relajen. Respire profunda, lenta y cómodamente... y relájese...

Siga descendiendo y deje relajar las caderas... y las piernas... y los pies...

Y ahora, con el cuerpo más relajado, empiece a visualizarse en un lugar donde se siente a salvo, a gusto, fuera de peligro. El lugar puede ser real o imaginario, un lugar donde haya estado o uno que no haya visto jamás en su vida. Tómese un momento para visualizar ese lugar seguro y cómodo, mientras sigue respirando lenta, profunda y cómodamente...

Mientras se relaja en ese lugar especial, de la manera y con el ritmo que usted prefiera, empiece a llamar a su sabiduría interior para pedirle orientación y ayuda... Imagine que su sabiduría interior le escucha y que responde a su petición de ayuda... Deje que su sabiduría interior asuma cualquier forma que le guste... Podría ser alguna persona que usted conoció y que haya muerto... Podría ser una figura espiritual, una figura religiosa... Podría ser una persona mayor... o alguien joven... un animal... una forma irreconocible... o una luz.

Su sabiduría interior también puede manifestarse como una idea... o como una voz suave y serena... o simplemente como el sentimiento o la sensación de que algo está presente. Tómese tiempo para dejar que su sabiduría interior acuda a usted de tal manera que pueda oírla y comunicarse con ella...

Concédase permiso para ver, oír o percibir a su sabiduría interior, sabiendo que le trae un mensaje de amor del universo...

Si no se siente a gusto con la primera forma que se le presente, pase a otra... Cuando esté en contacto con el verdadero mensajero usted lo sabrá por la forma en que se sienta... tendrá una sensación de certeza...

Cuando esté preparado (o preparada), haga todas las preguntas que quiera... ¿Qué necesita hacer para recuperarse? ¿Qué necesita hacer para cuidarse? ¿Qué necesita para empezar a cambiar?... Ninguna pregunta es inapropiada... ¿Qué necesita saber?

Cuando le llegue una respuesta, pregúntese si le parece la correcta. Si no, siga haciendo la pregunta... Sepa que las verdaderas respuestas van acompañadas de un sentimiento de certidumbre... del sentimiento de «Ah, sí, sé que es así». Las verdaderas respuestas van acompañadas de una intuición especial, una visión interior...

Y cuando tenga una respuesta, emprenda la acción. Decida qué paso dará para iniciarla... ¿Cuándo dará ese paso? ¿En qué fecha, concretamente?

Si no le llega ninguna respuesta con la clara sensación de ser la correcta, cree usted su propia respuesta. Decida una acción que pueda emprender para reconocer su respuesta, y comprométase a llevarla a cabo. Decida cuál será su primer paso... y cuándo lo dará.

Resuélvase a actuar según sus decisiones tan pronto como razonablemente pueda, sabiendo que sus acciones aportarán más alegría a su vida y a la de los demás... Resuélvase a hacer cosas que tengan sentido para usted... y decida ahora mismo de qué manera iniciará la acción y cuándo dará el primer paso.

A veces no recibirá respuesta a sus preguntas. Cuando eso suceda, créese su propia respuesta y actúe en consecuencia... Y mientras está actuando, reconozca que no obtuvo la respuesta que quería, y ábrase para recibirla cuando llegue...

Concédase un momento para agradecerse el hecho de haberse tomado el tiempo y la energía que necesitaba para comunicarse con su sabiduría interior... Y cuando esté preparado (o preparada), vuelva a prestar atención a su respiración... Vuelva a tomar conciencia de la habitación, vuelva a su conciencia normal de vigilia con un sentimiento de calma y de paz.

Con frecuencia los pacientes reciben mensajes de un miembro de la familia que ha muerto, o de una figura religiosa o espiritual. Muchos tienen la vivencia de un mensaje que proviene de la luz y no de otra persona. La luz es con mucha frecuencia blanca, dorada o azul. Algunos pacientes me dicen que su sabiduría interior se manifiesta de maneras muy imaginativas, ¡desde formas verdes transparentes hasta animales domésticos! En realidad, no importa cuál sea la forma que se le aparezca, siempre que usted se sienta a gusto con ella.

Tampoco importa que su sabiduría interior no se le aparezca visualmente. En nuestro Centro, cuando nos concentrábamos en que la sabiduría interior asumiera la forma de un guía, comprobamos que muchos de nuestros pacientes tenían dificultades para meditar. Cuando ampliamos el concepto para dejar que la sabiduría interior se manifestara como un pensamiento, una voz o un sentimiento, los pacientes empezaron a usar con más facilidad el proceso. Yo creo que le resultará productivo seguir practicando esta meditación, para que su sabiduría interior pueda colaborar en el trabajo que haga usted con este libro.

Podría usar su sabiduría interior para verificar, por ejemplo, qué clase de apoyo realmente necesita en este momento. Si usted es una persona de apoyo, podría usar su sabiduría interior para determinar lo que necesita comunicar al enfermo de cáncer, y cómo. En sus meditaciones, pregunte a su sabiduría interior por cualquier cosa que ahora mismo le preocupe.

Cuando acababa de empezar a estudiar visualización y meditación, asistí a un seminario de ventas donde hicimos una meditación similar a la que usted acaba de aprender, sólo que en este caso teníamos que conocer a los llamados «asesores» (para mantener nuestra atención puesta en los negocios). Nos dijeron que nos imagináramos un ascensor que subiera o bajara. Cuando las puertas se abrieran, veríamos al asesor. Si a uno no le gustaba, podía volver a meterlo en el ascensor y llamar a otro.

Al hacer este ejercicio, el primer asesor que vi era una joven mujer de negocios que llevaba un traje de chaqueta. Como lo indicaba el ejercicio, le pregunté su nombre, y me dijo que no estaba preparado para saberlo. Le pregunté por qué, y me contestó que simplemente no estaba preparado. Al segundo intento volví a ver a la misma mujer y otra vez le pregunté su nombre y me dio la misma respuesta. Entonces le pregunté qué tenía que hacer para estar preparado, y me dijo que tenía que tomarme con más seriedad el proceso.

Ese mismo día, cuando hicimos por tercera vez el ejercicio, vi a la misma mujer, y esta vez me dijo que se llamaba María.

—¡Oh, María! ¿Puedo llamarte Mari? —pregunté bromeando.

En un tono muy serio, me respondió:

—No. Soy María.

Cuando me dijo aquello, tuve una experiencia totalmente distinta de cualquier otra que hubiera tenido en mi vida. Súbitamente, supe que era la María de la Biblia. Y digo que lo «supe» porque el sentimiento fue muy profundo; era mucho más que un simple entendimiento intelectual. Una oleada de emoción me embargó, mientras empezaba a tener una visión del mundo y del universo.

La visión, como tal, es difícil de describir, pero a partir de ella pude ver que todo lo que hay sobre esta tierra es bueno; cada cosa y cada ser tienen su motivo para existir. Entendí que aquella bondad poco tenía que ver con la forma en que todos estábamos actuando o con el comportamiento que estaba mostrando la raza humana. Pude ver y sentir que todos estamos hechos de la misma sustancia que Dios. Saber esto me proporcionó una gran calma, y era un conocimiento de un nivel diferente de cualquier otro que yo hubiera experimentado jamás. Empecé a sollozar profundamente, desde un lugar de júbilo inconmensurable. Llegué a entender todo el dolor que había sufrido en la vida, y también el dolor de la vida en general. Fue una experiencia maravillosa, y me pasé horas enteras en éxtasis. Aunque la visualización en sí no duró ni cinco minutos, significó un cambio fundamental en mi vida.

Quien se me apareció, ¿era verdaderamente la María de la Biblia? No creo que eso importe. Ya fuera María o una metáfora visual de ella, yo sentí que lo era, y durante años he seguido recurriendo regularmente a ella en busca de apoyo y orientación, y también de otras formas de sabiduría interior.

Reid sólo trabajó durante breve tiempo con la meditación de la sabiduría interior; después decidió que la sabiduría interior que él buscaba era Dios. Para Reid, la sabiduría interior proviene del Espíritu, que lo guía en cualquier información o asistencia que esté buscando. Para él, trabajar con la sabiduría interior es realmente plegaria y meditación, hablar con Dios y escucharle.

Le ruego que suspenda por hoy la lectura y se dedique a la sección siguiente mañana, o en el momento en que se sienta dispuesto (o dispuesta).

Trabajar con el dolor

He comprobado que en los momentos de dolor es cuando más dudan los pacientes de su capacidad de influir en su salud. Pero es posible usar el dolor como una oportunidad de reforzar la influencia que usted tiene sobre su cuerpo. En el Centro trabajamos mucho con los aspectos mentales y emocionales del dolor, y encontramos una variación enorme en los resultados. Hay personas que experimentan una inversión de los síntomas dolorosos. Otras pueden disminuir la medicación analgésica. La meditación, igual que la medicación, es un instrumento que se puede usar contra el dolor. Para algunos es una respuesta maravillosa; para otros es sólo una pequeña parte de la respuesta.

Yo siempre he considerado que el paciente debe tener todo el alivio del dolor que necesite. Sentir dolor es algo muy contraproducente. Representa un enorme desgaste de energía, y lo priva a uno de la capacidad de prestar atención al resto de cosas de la vida. Yo nunca he dejado de prescribir toda la medicación contra el dolor que necesite el paciente para sentirse cómodo, y jamás me he encontrado con un problema de adicción, a menos que el paciente ya fuera un adicto desde el comienzo. Use la cantidad de medicación que necesita como una información acerca de otros aspectos de su estado mental y emocional.

En nuestro Centro ayudamos a que los pacientes consideren el dolor, igual que la enfermedad, como un mensaje de amor. No se esfuerce en no hacer caso del dolor ni intente ser usted más fuerte que él. Pregúntese, en cambio, de qué manera está tratando de ayudarle su dolor. El dolor siempre tiene dos componentes: el estado físico y subyacente, y el mensaje que está tratando de transmitir. Haga lo que sea necesario para aliviar el dolor físico, pero haga además el trabajo mental y emocional. El elemento mental-emocional del dolor puede ser grande o pequeño, pero siempre existe.

He aquí un experimento práctico: la próxima vez que sienta cualquier tipo de dolor, dé por sentado que le sirve para apartarse de un reto difícil que le presenta la vida. Pregúntese en qué estaría pensando si no sintiera ese dolor. Pregúnteselo repetidas veces. Según mi experiencia, las respuestas llegan después de preguntar tres o cuatro veces. Cuando el problema se encara de manera saludable (generalmente, cambiando las creencias malsanas por otras sanas), es frecuente que el dolor se vaya. La siguiente meditación le ayudará a tratar de esta manera con el dolor.

Algunos pacientes temen que prestar atención al dolor no servirá más que para incrementarlo. Después de veinticinco años de trabajar con el dolor, mi punto de vista es pragmático. Si a usted le sirve la distracción, si puede conseguir que el dolor desaparezca durante un rato escuchando música o viendo una película, estupendo. Pero la mayoría de nosotros le tenemos tanto miedo y nos resistimos con tal intensidad al dolor que es probable que, de hecho, permitirnos a nosotros mismos acercarnos a él lo disminuye. La siguiente meditación le ayudará a usar la imaginación para crear una relación más íntima con su dolor, de modo que pueda empezar a escucharlo de una manera más cómoda y a influir más directamente en él.

Antes de meditar, anote en su diario de qué le está protegiendo su dolor. Después anote sus creencias sobre ese tema. En otra página, anote otras creencias más sanas. Cuando esté preparado (o preparada) para empezar, tenga a mano la lista de creencias sanas para poder abrir los ojos y mirarla.

Cuarta meditación

Cómo aumentar su seguridad mediante el trabajo con el dolor

Una vez se haya sentado cómodamente, haga inspiraciones lentas y profundas, y cuando exhale dígase mentalmente: «Relájate». Preste atención a su respiración y siga repitiendo «Relájate» al exhalar. Cuando se sienta preparado (o preparada), cierre los ojos...

Mientras sigue respirando profunda, lenta y cómodamente, comience a observar cualquier tensión en la cabeza y en el cuero cabelludo, y al exhalar deje que se relajen. Inhale, exhale, y siga diciéndose mentalmente «Relájate»... Observe cualquier tensión que sienta en la mandíbula, y deje que se relaje...

Respire profunda, lenta y cómodamente, y siga dejando que su cuerpo se relaje. Deje que se relajen el cuello y los hombros... los brazos y las manos...

Ahora deje que se relaje la espalda... y después el pecho... y luego el abdomen... y finalmente la pelvis. Esto permite que el corazón, los pulmones, el estómago, todos sus órganos, también se relajen. Respire profunda, lenta y cómodamente... y relájese...

Siga descendiendo y deje relajar las caderas... y las piernas... y los pies...

Y ahora, con el cuerpo más relajado, empiece a visualizarse en un lugar donde se siente a salvo, a gusto, fuera de peligro... El lugar puede ser real o imaginario, un lugar donde haya estado o uno que no haya visto jamás en su vida. Tómese un momento para visualizar ese lugar seguro y cómodo, mientras sigue respirando lenta, profunda y cómodamente...

Cuando se sienta preparado (o preparada), empiece a concentrarse en la zona de dolor y a relajarla... Inhale, exhale, y relaje la zona de dolor... Visualice esa zona como una tira de goma que le aprieta y mantenga esa imagen durante un par de segundos... Ahora deje que la tira de goma se afloje; deje que la zona de dolor se relaje...

Hágalo otra vez... Tense conscientemente la zona de dolor durante un par de segundos, y después relaje... relaje la zona de dolor.

Mientras esa zona se relaja, envíe una luz dorada a su interior... visualice una luz dorada yendo hacia la zona de dolor...

Y mientras esa zona se relaja, sienta cómo afluye a ella la sangre... sienta cómo afluye a ella la energía... Relaje esa zona y haga espacio para que la sangre y la energía afluyan a ella...

Mientras respira lenta, profunda y cómodamente, empiece a visualizar el color de su dolor. ¿De qué color es su dolor?... Cámbiele el color por cualquier otro que a usted le guste... Imagínese que el color es más intenso... y después menos intenso.

Siga respirando lenta, profunda y cómodamente, y ahora empiece a visualizar la textura de su dolor... ¿Es áspera?... ¿Es suave?... El dolor, ¿es duro... o blando? Cambie la textura por cualquier otra que le guste más...

Haga que la imagen del dolor sea más grande... y más pequeña...

Y ahora, mientras sigue respirando lenta, profunda y cómodamente, dirija su aliento hacia la zona de dolor... Imagínese que el aliento lleva luz a esa zona... Visualice una luz dorada que afluye a la zona de dolor...

Mientras pide a su sabiduría interior que le dé fuerza y le apoye, recuerde las circunstancias vitales difíciles o las creencias malsanas de las cuales el dolor le protege... Cuando esté preparado (o preparada), abra los ojos durante un momento y lea las nuevas creencias que le gustaría tener... Tómese su tiempo. Repita mental-

mente esas creencias, vuelva a cerrar los ojos y relájese... Respire lenta, profunda y cómodamente...

Ahora, visualícese haciendo cualquier cosa que considere importante hacer para responder a un reto difícil que haya en su vida... ¿Cuál es el primer paso para afrontar ese reto? ¿Cuándo va a iniciar esa acción? ¿De qué manera?

Y ahora visualice cómo será su vida después de que haya desaparecido esta dificultad... Imagine cómo mejorará su vida, cómo mejorará su relación consigo y con los demás...

Y ahora imagine que la zona dolorosa se está volviendo normal... Visualícese libre de dolor... Se siente bien, se siente fuerte...

Y cuando esté preparado (o preparada), vuelva a tomar conciencia de su respiración y de los ruidos que hay en la habitación... Lentamente, abra los ojos para volver a su conciencia normal de vigilia con un sentimiento de calma y de paz...

Practique regularmente esta meditación durante unos diez o quince minutos tres o cuatro veces diarias.

Hay otra técnica que considero útil, especialmente cuando no se tiene tiempo ni deseos de hacer una meditación completa. Cuando le aparezca el dolor, visualícese dedicándose a alguna actividad saludable (pídale a su sabiduría interior que le sugiera una actividad realmente saludable).

Yo tuve una vez una artritis aguda en un tobillo. Descubrí que las creencias que necesitaba cambiar se centraban en el trabajo y en el apoyo en ese ámbito. La imagen que necesitaba retener era la de estar jugando a la pelota con mis hijos. Evocaba esta imagen antes de empezar a caminar, y entonces me parecía que me estaba preparando el tobillo para que estuviera bastante fuerte y flexible como para jugar con mis hijos. La imagen daba a mi dolor un propósito más vasto. En vez de sólo tener que atravesar andando la habitación para contestar el teléfono, de este modo hacía un ejercicio de rehabilitación. La incomodidad seguía estando, pero podía afrontarla relajado, en vez de distanciarme de ella y afirmarme para resistirla. Era una experiencia diferente, y mucho menos dolorosa.

Me gustaría describirle cómo funcionó este proceso con un hombre que llegó a nuestro Centro con intensos dolores a causa de un cáncer avanzado. Estaba tomando tanta medicación que se sentía siempre soñoliento, y se estaba agotando con una actividad constante porque el dolor le molestaba más cuando se quedaba quieto. Descubrimos además que estaba profundamente preocupado por su empresa. Su lista de creencias era más o menos ésta:

Así iré a la quiebra y perderé mi empresa.
Perderé mi hogar y no podré seguir manteniendo a mi familia.
Mi mujer me dejará y me quedaré completamente solo.
Es decir, que voy a morirme en la miseria y totalmente solo.

Al usar las cinco preguntas de Maultsby (al principio de este capítulo) para evaluar estas creencias, el paciente obtuvo otras más sanas para usar en la meditación:

Puedo quebrar o no, e incluso si quiebro, es mucho lo que puedo hacer para salvaguardarme en el aspecto financiero.
Puedo decidir mudarme a una casa más barata o no. Quizá sea necesario que mi familia cambie de estilo de vida, y eso se puede hacer de una manera que nos beneficie a todos.
Mi mujer puede dejarme o no, y de cualquier manera en mi vida sigue habiendo otras personas muy importantes.
En algún momento me voy a morir, pero no tengo por qué quebrar ni por qué quedarme solo, y es mucho lo que puedo hacer para influir en estas cosas.

Tan pronto como el dolor se lo recordaba, el paciente se concentraba en esas creencias más sanas. También las compartió con su mujer, y su relación de pareja empezó a cambiar de manera espectacular. Ella le aseguró que no tenía la intención de dejarlo por razones económicas ni de salud, y le ayudó a considerar las alternativas financieras de la familia.

A medida que su dolor aumentaba y disminuía, el hombre empezó a observar una clara relación entre lo que estaba pensando y la intensidad del dolor que sentía. También empezó a imaginarse jugando otra vez al golf y descubrió que podía disminuir el dolor al andar si pensaba que se estaba entrenando para jugar al golf. Poco a poco redujo los analgésicos porque sintió que no los necesitaba tanto, no porque pensara que tenía que hacerlo. También se dio cuenta de que el dolor era peor a primera hora de la mañana. Le sugerimos que pusiera el despertador para que sonara una hora antes; así podía tomar su medicación entonces y levantarse más tarde sintiéndose bien. Para él, levantarse sin sentir dolor por la mañana significaba una diferencia que le cambiaba todo el día.

Como puede ver, para este hombre no hubo una única solución eficaz. Fue su propia buena disposición a explorar su dolor y a usar los elementos que le proporcionamos lo que le permitió aumentar enormemente su sensación de bienestar.

La última meditación de este capítulo se centra en disminuir el miedo a la muerte. Es perfectamente aceptable que usted decida saltarse esta sección. Vuelva a ella cuando se sienta preparado (o preparada). En este momento, si ha trabajado con las cuatro primeras meditaciones, ya ha progresado en el sentido de tener creencias más saludables sobre usted y sobre la naturaleza de su universo. Continúe trabajando con estas meditaciones de acuerdo con sus propias necesidades y deseos. Siga prestando atención a su nivel de energía después de la meditación, y de acuerdo con él vaya adaptando el tiempo que dedica a este trabajo.

El uso de la meditación para disminuir el miedo a la muerte

Creo que es muy beneficioso usar el proceso de la meditación para empezar a abordar uno de los mayores obstáculos de la vida: encarar el miedo a la muerte. Si no se siente preparado (o preparada) para hacer este trabajo, sáltetelo, y vuelva a él cuando lo esté. Eso puede suceder dentro de unos días, de unas semanas, de unos meses e incluso de unos años. De cualquier manera puede seguir con el trabajo del libro: pase simplemente al capítulo 5, «El plan de dos años para sanar».

La muerte es uno de los temas más delicados y explosivos que abordamos durante el programa para nuevos pacientes del Simonton Cancer Center. Un número reducido pero significativo de personas se deprimen cuando se introduce este tema. Afrontar y elaborar esta depresión exige mucho tiempo y mucha energía. Por lo tanto, le sugiero que consulte a su guía interior. Tranquilícese y pregunte a su sabiduría interior si este es un buen momento para que usted explore la muerte. Si la respuesta es afirmativa y viene acompañada de un intenso sentimiento de certeza, continúe con esta sección. Si la respuesta es negativa o incierta, una vez más le sugiero que pase a la sección siguiente. Vuelva a ésta cuando sienta que puede hacerlo. Si está trabajando con un terapeuta, pídale que le ayude con su trabajo sobre la muerte.

El propósito de esta exploración es disminuir el miedo a la muerte, y en la misma medida incrementar la energía de que usted dispone para vivir la vida hoy. Puede lograrlo cambiando sus creencias menos saludables referentes a la muerte y al hecho de morir por otras más sanas, valiéndose de técnicas de visualización que le ayudarán a efectuar esos cambios, tal como lo hizo con la meditación sobre el cáncer y su tratamiento.

Recuerde que las creencias culturales que predominan en nuestra sociedad en relación con la muerte son muy malsanas. En nuestra cultura se cree que morir es una experiencia larga y dolorosa sobre la que no tenemos influencia alguna; la muerte es un signo de fracaso, lo peor que puede sucedernos. Utilice las cinco preguntas de Maultsby (al principio de este capítulo) para evaluar si estas creencias son sanas o no lo son. Considere también que nuestro principal instrumento cultural para afrontar la muerte es la negación. La mayoría de nosotros tratamos a la muerte como a algo que no existe, y eso que en nuestro planeta cada día mueren doscientas mil personas. Quiero que se tome un momento para darse cuenta de que sólo por el hecho de estar leyendo esta sección del libro, se está apartando de estas creencias culturales malsanas y abandonando el mecanismo de la negación.

Al considerar sus propias creencias sobre la muerte y el hecho de morir, hay tres dominios que es importante que examine:

1. Sus creencias sobre la muerte y el hecho de morir en general.
2. Sus creencias sobre cómo será su propia muerte.
3. Sus creencias sobre la vida después de la muerte.

Use las primeras cuatro preguntas de Maultsby (muchas personas se saltan la quinta, ya que consideran que los «hechos» sobre la vida y la muerte son incognoscibles, o por lo menos discutibles) para determinar si sus creencias son sanas o no lo son.

En los últimos veinte a treinta años es mucho lo que se ha aprendido sobre la muerte y el hecho de morir gracias a Elisabeth Kübler-Ross, Raymond Moody y otros que han hecho un trabajo muy importante en este ámbito. Sobre la base de su experiencia, paso a enumerar algunas creencias generalmente saludables:

1. Usted puede influir en su muerte de manera muy semejante a como puede influir en su vida. Si quiere morir de cierta manera, es importante que viva de esa manera.
2. La muerte es un breve período de transición entre la vida física tal como la conocemos y una existencia que viene después. La muerte es el final de esta existencia física, igual como el nacimiento fue su comienzo.
3. Después de la muerte, su esencia —o su alma— sigue manteniendo una existencia deseable.

Para ayudarle a cambiar sus creencias sobre la muerte y el hecho de morir por éstas que acabo de enumerar u otras igualmente saludables, le daré la meditación que usamos en nuestras sesiones con los pacientes. Si su persona de apoyo participa con usted en los ejercicios y se siente también preparada para compartir este proceso, a ambos les puede resultar útil esta meditación como una manera de hablar de los miedos que estén experimentando. El solo hecho de expresarlos abiertamente puede ayudarles a reforzar los canales de comunicación existentes entre ambos.

Quinta meditación

Cómo aumentar su energía para recuperarse disminuyendo el miedo a la muerte

Una vez se haya sentado cómodamente, haga inspiraciones lentas y profundas, y cuando exhale dígase mentalmente «Relájate». Preste atención a su respiración y siga repitiendo «Relájate» al exhalar. Cuando se sienta preparado (o preparada), cierre los ojos...

Mientras sigue respirando profunda, lenta y cómodamente, comience a observar cualquier tensión en la cabeza y en el cuero cabelludo, y al exhalar deje que se relajen. Inhale, exhale, y siga diciéndose mentalmente «Relájate»... Observe cualquier tensión que sienta en la mandíbula, y deje que se relaje...

Respire profunda, lenta y cómodamente, y siga dejando que su cuerpo se relaje. Deje que se relajen el cuello y los hombros... los brazos y las manos...

Ahora deje que se relaje la espalda... y después el pecho... y luego el abdomen... y finalmente la pelvis. Esto permite que el corazón, los pulmones, el estómago, todos sus órganos, también se relajen. Respire profunda, lenta y cómodamente... y relájese...

Siga descendiendo y deje relajar las caderas... y las piernas... y los pies...

Y ahora, con el cuerpo más relajado, siga respirando profunda, lenta y cómodamente. Cuando esté preparado (o preparada), empiece a imaginar que se va aproximando a la muerte... ¿Dónde está? ¿Qué edad le parece que tiene?

Visualícese en el ambiente donde le gustaría estar cuando llegue la muerte... Imagínese a la edad que le gustaría tener cuando llegue la muerte...

Ahora siga imaginándose que se acerca cada vez más a la muerte... Visualícese en su lecho de muerte... ¿Quién está allí? ¿Qué se dice?

Respire profundamente y relájese... relájese... Imagínese en su lecho de muerte... A su alrededor están las personas que usted quiere ver a su lado... Visualícese intercambiando mensajes de amor y recibiendo el consuelo de los que están con usted... ¿Qué necesita decir? ¿Qué necesita hacer para estar en disposición de entregarse?... Sea lo que fuere, sepa que necesita decirlo y hacerlo ahora...

Siga imaginándose que se acerca cada vez más a la muerte... Ahora está empezando verdaderamente el proceso... Su energía, su esencia, su alma, empiezan a abandonar su cuerpo físico...

Sienta la energía que asciende desde sus pies. Coopere con ella, permitiéndole que suba a través de su cuerpo, sintiendo que sale por la parte alta de su cabeza... Usted va avanzando hacia la luz... siempre hacia la luz... Se está moviendo en armonía con las fuerzas llenas de amor que han creado el universo... Concéntrese en imágenes que hagan que se sienta bien... Vea cómo se incorpora al fluir del universo... Respire profundamente... Siga a su respiración.

El universo le aspira, le cuida... Usted va dejando el cuerpo y yendo hacia la luz... Se está uniendo a las fuerzas llenas de amor que nos crearon a todos... Y puede relajarse... relajarse...

A medida que va uniéndose a las fuerzas creadoras del universo, va teniendo una perspectiva nueva. Puede echar una mirada retrospectiva a su vida... ¿Qué habría hecho con más frecuencia? ¿Qué habría hecho con menos frecuencia?

Decida que empezará a hacer más cosas que le proporcionen alegría y menos cosas que le hagan sufrir. ¿Qué va a hacer para aportar más júbilo a su vida? ¿Cuál será su primer paso hacia ese objetivo?

Y ahora, sintiéndose libre del cuerpo físico, ya puede empezar a explorar... Imagine que se está preparando para nacer... ¿Dónde quiere estar? ¿Quién le gustaría ser? ¿Qué sería importante para usted en su nueva vida?

A medida que empieza a hacer opciones nuevas y a experimentar cambios, está usted muriendo para lo viejo y naciendo para lo nuevo... Está muriendo para las experiencias y las creencias viejas y naciendo para experiencias y creencias nuevas... Dése cuenta de que este proceso se da continuamente... de que usted está constantemente muriendo para lo viejo y naciendo para lo nuevo... Siempre se está desprendiendo de un momento para pasar al siguiente...

Y ahora, mientras se prepara para regresar a su conciencia normal de vigilia, recuerde los pensamientos y los sentimientos de consuelo que le gustaría llevarse consigo al volver... Recuerde las decisiones que tomó sobre cualquier cambio que quiera hacer en su vida, y también lo que hará para iniciar ese cambio, y el momento en que dará el primer paso... Recuerde que está teniendo en cuenta nuevas creencias sobre la muerte y el proceso de morir, que le darán más energía y más entusiasmo para vivir su vida de hoy... Y traiga consigo esas ideas ahora, al retornar...

Cuando esté preparado o preparada, empiece a tomar nuevamente conciencia de su respiración... tome conciencia de la luz que hay en la habitación... y de los ruidos que hay a su alrededor... Y cuando esté a punto, abra los ojos.

Mi experiencia con este proceso ha sido que, casi en todos los casos, levanta el ánimo y llena de energía a las personas que se sienten preparadas para participar en él. Si a usted le resulta difícil, le ruego que pida ayuda a su terapeuta o que hable de sus sentimientos en su grupo de apoyo o con las personas que formen parte de su sistema de apoyo. Ahora es un buen momento para pedir cualquier clase de ayuda que necesite.

Tanto si ha participado efectivamente en la meditación sobre la muerte como si se ha limitado a leer esta sección, quizás en este momento lo más indicado sea que suspenda la lectura.

5

El plan de dos años para sanar

El establecimiento de objetivos para la recuperación

Espero haber expresado adecuadamente que el trabajo con los procesos mentales y espirituales es de primerísima importancia. Sin embargo, limitarse a trabajar con estos procesos sería un factor de desequilibrio; también es esencial mantener el arraigo en el mundo físico. Dar forma a un plan de dos años para sanar significa que hay que pensar con cierta profundidad, pero básicamente se trata de que cambie usted sus rutinas cotidianas en seis ámbitos de su vida a lo largo de los dos próximos años. Si lo único que hiciera fuese pensar en lo que quiere conseguir y meditar sobre ello, no lograría hacer mucho. En cambio, el plan para sanar de dos años le ayudará a convertir sus intenciones en realidades físicas.

En su condición de hombre de negocios, acostumbrado a trabajar con planos, esquemas y gráficos, Reid se dedicó con empeño a crear y aprovechar su plan de dos años para sanar. Incluso cuando se encuentre realmente mal, el hecho de establecer y alcanzar sus objetivos le dará un auténtico sentimiento de logro y de estar avanzando hacia la salud.

Los objetivos que ha de establecer en su plan de dos años para sanar son los más básicos: lo mínimo que se proponga alcanzar. No se dé prisa para crearse un plan. Establezca sus objetivos con la actitud de que «esto es lo que va a hacer», no lo que quiere o lo que podría hacer. Tómese tiempo para examinar sus creencias sobre cada uno de los ámbitos y cotéjelas con las cinco preguntas de Maultsby (al principio del capítulo 4) para verificar si son sanas o no. Esta semana no haga nada más que establecer sus objetivos en los tres primeros ámbitos. Concédase varias semanas para completar esta tarea. Puede volver a ella siempre que quiera mientras trabaje con la serie de cartas. Naturalmente, es libre de cambiar su plan si así lo desea, puesto que se trata simplemente de un marco de referencia para trabajar.

Tome como ejemplo el plan del cuadro que le ofrecemos en la página de enfrente: le ayudará a seguir las instrucciones. Al final del capítulo encontrará un cuadro en blanco para que pueda fotocopiarlo con el fin de realizar varios borradores antes de decidir definitivamente su plan.

La creación de su plan

Primer paso

Hemos dividido artificialmente las actividades de la vida en seis categorías diferentes: propósito en la vida, juego, ejercicio, apoyo social, nutrición y pensamiento creativo. Para empezar este ejercicio, lea cuidadosamente la siguiente explicación de las seis categorías:

1. *Propósito en la vida:* Las actividades que responden a la pregunta «¿Por qué estoy aquí?», y que pueden incluir su ocupación, su papel en la familia, sus actividades espirituales o cívicas o cualquier otra cosa que le proporcione una razón para vivir o entusiasmo por la vida.

2. *Juego:* Cualquier actividad que produzca un sentimiento de alegría o a la que se pueda considerar «divertida».

3. *Ejercicio:* Cualquier actividad física o cualquier tiempo que pase con la mente concentrada en actividades físicas (especialmente para las personas que temporalmente no pueden hacer ejercicio).

Plan personal de dos años para sanar

	3 meses	6 meses	9 meses	12 meses	15 meses	18 meses	21 meses	24 meses
Nutrición	4 comidas sanas por semana	6 comidas sanas por semana	8 comidas sanas por semana	DETÉNGASE AQUÍ POR AHORA. ACABE DE HACER SU PLAN DURANTE LAS SEMANAS SIGUIENTES				14 comidas sanas por semana
Apoyo social		1 hora por semana	2 horas por semana					6 horas por semana
Juego			30 minutos por semana					7 horas por semana
Propósito en la vida								5 horas por semana
Pensamiento creativo								20 minutos diarios, 6 días por semana
Ejercicio								15 minutos, 3 días por semana

4. *Apoyo social:* El tiempo que pasa usted con la familia y los amigos, o con un psicoterapeuta, un sacerdote o un grupo de apoyo.

5. *Nutrición:* Esta categoría no incluye solamente el hecho de comer, sino cualquier esfuerzo que usted haga relacionado con la comida y la nutrición: preparar comidas, tomar vitaminas, participar en grupos de apoyo que se concentren en la dieta y todo tipo de lecturas sobre alimentos y nutrición. Sus creencias en este ámbito son de vital importancia.

6. *Pensamiento creativo:* En esta categoría incluimos la meditación y la visualización, así como cualquier forma específica de relajación intencionada. También se pueden incluir en ella lecturas, seminarios o cursos relacionados con estos temas.

Segundo paso

En una hoja de papel anote cada categoría y después haga una lista de las actividades que usted practica y que corresponden a cada una de ellas. (Recuerde que en la vida real hay actividades que pueden corresponder a varias categorías. Clasifíquelas como quiera; no hay respuestas correctas ni erróneas.) Calcule el número de horas que dedica cada semana a cada uno de los ámbitos. Es probable que algunas de sus respuestas le sorprendan. Pregúntese si su división del tiempo refleja un enfoque equilibrado de la vida. ¿Refleja los valores que le gusta considerar como propios? ¿Refleja sus verdaderas prioridades?

Muchos pacientes se dan cuenta de que emplean el 90 por ciento de su tiempo en cosas que piensan que deben hacer y sólo el 10 por ciento en lo que realmente quieren hacer. Necesitan establecer un equilibrio entre sus obligaciones y sus deseos. Un desequilibrio en la dirección del «debo» puede conducir a la depresión y la desesperanza, mientras que nuestros deseos nos llevarán naturalmente hacia el equilibrio.

Si mira dos años hacia adelante, ¿qué es lo que más le gustaría cambiar? No es necesario que lo precise con exactitud, pero es importante que se proponga algunas orientaciones generales a largo plazo.

Tercer paso

Establezca el orden de las categorías sobre la base de su deseo de trabajar con ellas y teniendo en cuenta la experiencia que tenga con cada una. Por ejemplo, si usted dedica la mayor parte de su energía al apoyo social, pero en realidad le gustaría dedicar más tiempo a la nutrición, su primera prioridad podría ser esta última categoría.

Por otra parte, si nunca ha prestado atención a la nutrición y es estrictamente una persona que «come para vivir», no ponga en primer lugar esta categoría porque le parezca que es lo que debería hacer. Escoja como primera prioridad algo que ya le interese, o que sepa que le dará placer.

Anote sus categorías por orden en un cuadro como el del ejemplo. (Al final del capítulo encontrará un cuadro en blanco.)

Cuarto paso

Ahora empezará usted a establecer objetivos más específicos. Para la primera categoría, su prioridad número uno, se creará un objetivo a tres meses. Yo recomiendo a nuestros pacientes que este objetivo sea la mitad de lo que estén haciendo actualmente en esa categoría. Por ejemplo, si usted escogió concentrarse primero en la nutrición, y ahora está tomando ocho comidas sanas por semana, para su objetivo a tres meses anote cuatro comidas sanas por semana. Recuerde que éste no es el límite superior, sino el límite inferior; usted quiere hacer por lo menos eso, independientemente de las circunstancias. Tendría que empeñarse en fracasar para no cumplir ese objetivo.

Después del objetivo a tres meses, créese los objetivos a seis y a nueve meses, otra vez solamente para la primera categoría. Si el objetivo a tres meses son cuatro comidas sanas, el objetivo a seis meses podrían ser seis comidas sanas, y a los nueve meses podrían ser ocho comidas sanas, es decir, el punto donde se encuentra actualmente.

A primera vista parece contraproducente establecer objetivos de esta manera, de modo que permítame explicarle por qué funciona este sistema. No es cuestión de que usted se limite, sino simplemente de que establezca unos objetivos mínimos. Casi automáticamente, estará haciendo más de lo que se ha fijado como objetivo. También es necesario que tenga presente que a causa de la enfermedad y su tratamiento, es probable que quiera hacer algo menos de lo que ha hecho hasta ahora. Los objetivos mínimos le dan flexibilidad y le ayudan a apreciar lo que está haciendo actualmente.

Esta manera de establecer objetivos contrarresta, además, las ideas que inspiran miedo, tales como: «Tengo que darme prisa para cambiar porque si no me moriré». Adaptarse a un ritmo suave le ayudará a manejar de forma saludable esa clase de desesperación y de miedo. Además, este método no le permite emprender algo que tal vez no haya hecho nunca —ejercicio, por ejemplo— y convertirlo en su primera prioridad con objetivos irrazonables. Esto no significa que no pueda hacer nada de ejercicio, sino que lo irá asumiendo poco a poco. Puede empezar a hacer ejercicio de la manera que le parezca apropiada; sin embargo, su objetivo es a largo plazo; se trata del nivel que quiere alcanzar de aquí a dos años y de cómo quiere llegar a él de una forma saludable. No tiene que someterse a ninguna presión para alcanzarlo mañana.

Avanzar más lentamente le permite, además, conseguir sus objetivos placenteramente. ¡Supongo que no querrá autoimponerse ningún otro «debes»! Use su creatividad para conseguir que los cambios saludables sean también divertidos o interesantes. Trate de pasarlos a la categoría de «deseos». No se ponga a hacer *jogging* si no le gusta, por más que alguien le diga que es un ejercicio excelente. Encuentre algo que le dé placer, no importa cómo lo clasifiquen los expertos, para poder sentir que, además de hacer ejercicio, se lo está pasando bien.

Finalmente, sea consciente de una importantísima categoría que no hemos enumerado: el descanso. Preste atención a cuándo necesita descansar, en el ámbito que sea. Aprenda a conocer sus límites físicos, mentales y emocionales. Tome más conciencia de los «informes» sobre su estado que constantemente le están pasando su cuerpo y su mente.

Por ahora, tendrá solamente un objetivo a tres meses: el que usted estableció para su primera prioridad.

Quinto paso

Ahora ya está preparado (o preparada) para anotar los objetivos para su segunda prioridad. Primero se fijará un objetivo a seis meses, y después un objetivo a nueve meses. Deténgase ahí y siga con su tercera prioridad.

Sexto paso

El primer objetivo que establecerá para la actividad que colocó en tercer lugar será a nueve meses, y por el momento constituirá el único objetivo que anotará para esta categoría.

El completamiento del plan de dos años para sanar

Sus tres primeras categorías son lo único que necesita para trabajar por el momento, y le recomiendo que en cada una de ellas no vaya más allá del objetivo de nueve meses. Tómese su tiempo para completar el resto del plan de dos años para sanar; por lo menos algunas semanas para precisar el resto de sus objetivos para las tres primeras categorías, así como para establecer los objetivos para las prioridades dispuestas en el cuarto, quinto y sexto lugar. Recuerde que en cada categoría el primer objetivo debe ser la mitad de lo que está haciendo ahora. Si en un determinado ámbito no está haciendo nada, empiece por ponerse un objetivo mínimo. Haga que sea más fácil cumplir los objetivos que no cumplirlos, y establezca objetivos concretos para poder así medir su progreso. Recuerde que se trata de que sus objetivos sean tales que usted virtualmente tenga que hacer un esfuerzo para fracasar y no cumplirlos. Siempre puede revisarlos al cabo de un tiempo.

Le recomiendo que revise su plan cada tres meses como mínimo. Téngalo pegado en un lugar visible: en la puerta de la nevera o dentro del armario del cuarto de baño. Cuando hayan pasado los primeros nueve meses, verá como tiene una idea muy diferente de su vida. Algunos de nuestros pacientes hace ya quince años que siguen sus planes de salud, y continúan fortaleciéndose.

Durante los últimos veinte años he tenido la oportunidad de observar cómo muchas personas reorganizan su vida y experimentan prolongadas remisiones de cánceres en etapas avanzadas. Cualquiera que sea al comienzo el punto central de su plan de salud, con el tiempo los otros ámbitos van adquiriendo invariablemente más importancia, y el primero en cierta medida la pierde. Los pacientes alcanzan una visión más equilibrada de la vida en general.

Al comienzo, las actividades tienden a realizarse con una gran intensidad, rigidez y celo misionero. Al cabo de un tiempo, cuando comprueban que siguen disfrutando de buena salud, los pacientes toman una actitud más relajada y de mayor seguridad en sí mismos. Tienden a sentir que lo que han hecho no es tan notable, y es frecuente que digan que cualquiera puede recuperarse. Lo único que se necesita es comprometerse auténticamente a poner en funcionamiento estas maneras básicamente seguras de abordar el problema de la salud.

Veamos ahora las preguntas y los problemas que se plantean con más frecuencia cuando empezamos a trabajar en el plan de dos años para sanar.

El apoyo social

En este ámbito, asegúrese de que sus objetivos no dependan de la iniciativa de otras personas. Por ejemplo, si lo que quiere es pasar más tiempo hablando con sus hijos adultos, no se plantee como objetivo «Pedir a mis hijos que me llamen una vez por semana», porque tal vez no lo hagan. En cambio, formule su objetivo más o menos de este modo: «Intentar ponerme en contacto con cada uno de mis hijos una vez por semana». Esto depende de lo que haga usted, y no de lo que hagan ellos.

Muchos pacientes se fijan el objetivo de pedir ayuda cierto número de veces por semana. Esto puede resultar muy difícil para ellos, porque las personas propensas al cáncer suelen tener el profundo sentimiento de que no se merecen que las ayuden. Es importante que modifique usted su hábito de no pedir nunca ayuda. Si se propone este objetivo, recuerde que lo cumple simplemente pidiendo ayuda. No importa que la persona a quien se la pida le diga que sí o que no.

Si tiene la intención de participar en un grupo de apoyo contra el cáncer, que ingresar en él no sea su único objetivo; especifique a cuántas sesiones por semana o por mes acudirá. O convenga en que experimentará con un grupo de apoyo durante cierta cantidad de reuniones antes de decidir si ingresará en él o no. Cuanto más específicos sean sus objetivos, tanto más fácil le resultará medir su progreso.

Algunas personas piensan que para pedir apoyo social se necesita ser más abierto y expresivo de lo que ellas son por naturaleza. Si usted siempre ha sido una persona reservada, muévase a su propio ritmo. Lo más importante es que se abra más a su propio ser y que trabaje con los sentimientos que surjan. Y eso lo puede hacer sin renunciar a su intimidad. Un grupo de apoyo también puede respetar su necesidad de intimidad; en él bien puede haber otras personas reservadas que se alegrarán de su presencia.

La nutrición

La dieta es una parte importante en el proceso de recuperación, porque nuestra capacidad natural de sanar depende de una nutrición adecuada. Las directivas que ofrecemos en el Centro en lo tocante a la nutrición son básicas y bien conocidas. Desde finales de los años setenta hemos recomendado las «Dietary Guidelines for Americans» [Orientaciones dietéticas para Estados Unidos], que también han sido adoptadas por la American Cancer Society y el National Cancer Institute.

En resumen, los elementos básicos son los siguientes:

- aumentar el consumo de fruta y verdura, especialmente frescas;
- dar preferencia a la carne blanca sobre la roja;
- consumir alimentos ricos en fibra;
- consumir menos azúcar, menos sal, menos grasas y aceites;
- cafeína: el equivalente de dos tazas de café por día o menos;
- alcohol: el equivalente de dos copas (60 gramos de licor)

por día o menos.

Obsérvese que se trata de unas directrices generales que dan margen para una amplia variedad de opciones.

En el Centro nos concentramos principalmente en la actitud de nuestros pacientes con respecto a la dieta y la nutrición. Creo que esto es más importante que los detalles exactos de lo que comen. Si usted está haciendo cambios saludables en su dieta, pregúntese si se los toma con entusiasmo e interés o los considera como una más de las molestias del hecho de estar enfermo, como una obligación o como una renuncia a algo que le gustaba. Si sigue un régimen riguroso y cree que debe atenerse a él pase lo que pase, quizás así no esté realmente ayudándose. Es más sano que acepte una dieta con la actitud de que la seguirá durante cierto tiempo y después evaluará si contribuye o no a que se sienta mejor.

He tenido pacientes que insistieron en seguir con una dieta determinada que evidentemente tenía efectos nocivos sobre su cuerpo hasta que su salud decayó de forma peligrosa, e incluso hasta que murieron. También he visto a otros que con la misma dieta se recuperaron.

Tenga especial cuidado de no utilizar una dieta para castigarse por pasados abusos con la comida. Lo que queremos es que se concentre en la recompensa, no en el castigo. Permítase una dieta saludable como recompensa por el hecho de estar cuidándose y como una manera de brindarse apoyo en estos momentos difíciles.

Si se siente siempre con hambre y sin fuerzas, si se está frustrando continuamente para no salirse de la dieta que ha escogido, o si continuamente se sale de ella, ¡atención! No tenga miedo de cambiar de dieta. Quizá le haya servido durante un tiempo, pero tal vez ya sea hora de pasar a otro programa que se adecue mejor a sus necesidades actuales.

Básicamente, es necesario que preste atención a su cuerpo, que escuche lo que le está diciendo. Por ejemplo, durante un tiempo Reid se hizo vegetariano, pero no tardó en descubrir que necesitaba carne en su dieta. Esto no significa que todo el mundo necesite comer carne; significa que Reid descubrió que se sentía mejor y tenía más energía cuando comía carne. También experimentó con vitaminas, empezando con un programa prescrito que fue modificando gradualmente de acuerdo con su propia reacción.

Si usted está bajo tratamiento, obtenga toda la información que pueda sobre la forma en que éste puede afectar a su nutrición. Las enfermeras que regularmente le administren el tratamiento tendrán muchas ideas para darle sobre las horas a las que debe comer según la medicación que tome, qué alimentos le sentarán mejor, etcétera. Después, cuando tenga experiencia, usted puede actuar de acuerdo con sus propias reacciones.

Recuerde que el cuerpo no sólo es adaptable, sino que está cambiando continuamente. Lo que hoy le entusiasma quizá no le guste mañana. Lo que detestaba hace años tal vez le encante ahora. ¡Coma lo que vaya bien con usted! Parece simple, pero mucha gente desconoce esta manera tan sencilla de seleccionar los alimentos.

El ejercicio

El ejercicio es importante, pero uno de nuestros mayores problemas es conseguir que los pacientes no se pasen, ya que tienden a empeñarse en exceso en cumplir programas demasiado ambiciosos y rígidos.

Póngase como meta ejercicios que le guste hacer y que vaya a continuar haciendo. Establezca dónde quiere estar dentro de dos años, y empiece a avanzar con mucha calma y suavidad en esa dirección.

Lo que usted quiere es estimular sus mecanismos inmunitarios mediante el ejercicio, no agotarse haciendo demasiado y excesivamente rápido. Aprenda a ir entrando suavemente en su sesión de ejercicios y a prestar atención a la respuesta de su cuerpo. Los primeros noventa segundos de cualquier sesión de ejercicio físico son los más importantes, porque si en ese tiempo usted ya se agota, no podrá continuar. Entonces, sea especialmente suave y preste atención a su respiración al empezar la sesión.

La técnica más eficaz que he usado conmigo mismo y con mis pacientes a lo largo de años es iniciar una conversación cuando empiezo a hacer ejercicio. (Con frecuencia, la conversación es conmigo mismo, ya que suelo hacer ejercicio solo.) Tan pronto como me resulta difícil hablar, bajo el ritmo o interrumpo el ejercicio hasta que puedo volver a mantener una conversación normal. Es especialmente importante estar atento a esta señal durante los primeros noventa segundos. A mí me permite darme cuenta de que me estoy moviendo demasiado y excesivamente rápido, y es un método mucho más fácil que vigilarme el pulso.

Aparte de que la gente pueda pensar que usted es una persona un poco rara que habla sola, el recurso es excelente.

Yo he ayudado a muchos de mis pacientes con cánceres muy extendidos a crearse un programa de ejercicios, mostrándoles cómo tomar especial conciencia de la respiración y de la incomodidad, de modo que puedan usar el ejercicio como un saludable recurso.

Incluso si usted debe estar en cama, le ayudará imaginarse practicando actividades físicas que le gusten. Además, muévase en la cama hasta donde la comodidad se lo permita. Si se levanta para ir al lavabo, cuéntelo como un ejercicio. Y aférrese a su imagen del placer físico, que es otra conexión con la vida.

En este momento le conviene concentrarse en la estimulación de sus sistemas curativos mediante el ejercicio, no en un condicionamiento físico amplio. Sentirse bien durante la actividad física y después de ella es de primordial importancia. ¡Recuerde que la incomodidad y el dolor son señales de que debe disminuir el ritmo y detenerse!

El juego

A muchos pacientes les sorprende comprobar que éste es un ámbito en el que resulta muy difícil establecer objetivos. En nuestra cultura se subvalora el juego, y si hay un enfermo en la familia se tiende a restringirlo aún más. A algunos de nuestros pacientes y a sus familiares los han reñido por el hecho de divertirse. «¡Se ve que usted no se toma bastante en serio su enfermedad!», o «¿Cómo puede pasárselo bien cuando un ser querido se está muriendo?», les han dicho. Y sin embargo, el juego es uno de los componentes clave de la creatividad, y la creatividad es esencial para el proceso de sanar.

Como un ejercicio divertido, y a la vez como una manera de dar el primer paso, empiece a hacer una lista de cuarenta actividades lúdicas. Es importante que tenga una larga lista de opciones porque, en general, cuanta más necesidad tiene uno de jugar, más difícil es que se le ocurra algo divertido para hacer. Recuerde que lo que le parece divertido un día no le dará necesariamente la misma sensación al siguiente. Una mujer me comentó que para ella cocinar es un trabajo si tiene que darse prisa para preparar la cena de la familia después de haberse pasado el día en la oficina, pero es un juego cuando está de vacaciones y puede ponerse a probar nuevas e interesantes recetas. Además, lo que es divertido para una persona puede no serlo para otra, de modo que no se limite a enumerar cosas a las que generalmente se considera «un juego»; anote aquellas que a usted le dan más placer. Y finalmente, cuidado con tomarse el juego como si fuera otro trabajo: todos hemos visto en las pistas de tenis las caras hoscas de personas que preferirían morirse antes que perder.

La cantidad de juego que sugiero yo a nuestros pacientes es la que encontré adecuada para mí hace muchos años y en la que me he mantenido: una hora diaria los siete días de la semana. Esto incluye los fines de semana, los días de fiesta y las vacaciones. (Antes de que hubiera yo reconocido la importancia del juego, mis vacaciones estaban llenas de horarios y de actividades que exigían una organización tan compleja como el trabajo.) Una hora diaria puede ser un objetivo adecuado para su plan de dos años. Y dígame... actualmente, ¿cuánto tiempo dedica a jugar?

En el Simonton Cancer Center hemos confeccionado una lista de juegos con la colaboración de los pacientes. Después de haber anotado sus propias ideas, quizá quiera estimular su imaginación con las siguientes:

Lista de juegos

Visitar a los amigos	Ir al campo
Jugar a las cartas	Cocinar
Ir a pasear	Bordar
Trabajar en el jardín	Coser

Mirar un partido de fútbol
Mirar cómo juegan los niños
Salir de excursión con niños
Caminar por la nieve
Hablar con mi pareja
Nadar
Hacer crucigramas
Jugar al parchís
Leer libros de plantas
Escribir la historia de la familia
Jugar a los Indicios, al Monopoly o al Ahorcado
Cantar villancicos
Hacer palomitas de maíz
Pasear al perro
Hacer volar una cometa
Esculpir
Remar
Caminar por la playa
Ir al cine
Jugar al backgammon
Jugar al Trivial
Tocar algún instrumento
Bailar
Ir a ver un espectáculo teatral
Cantar o escuchar canto
Cocinar un nuevo plato
Jugar al golf
Ir a una función de teatro escolar
Ir a ver una tienda que acaban de inaugurar
Hacer una pausa para tomar café
Jugar al minigolf
Mirar cómo rompen las olas
Reparar algo
Contarle un chiste a alguien
Encender la chimenea
Ir en bicicleta
Observar cómo nadan los renacuajos
Salir a caminar bajo la lluvia
Cortar el césped
Mirar un programa humorístico de televisión
Mirar revistas de decoración
Salir a cenar fuera
Leer un libro
Sentarse en el jardín, el patio o la terraza
Escuchar música
Montar a caballo
Pintar
Jugar al dominó
Hacer cálculos mentales
Jugar al escondite
Jugar a los barcos
Ir en moto
Hacer esculturas de metal
Hacer cerámica
Ir en trineo
Jugar a pelearse
Pintar con los dedos
Jugar con juegos de construcción
Tener relaciones o fantasías sexuales
Jugar con un mecano
Hacer aeromodelismo
Sacar fotos
Construir un muñeco de nieve
Hacer castillos de arena
Mirar cómo comen los pájaros
Jugar a la pata coja
Saltar a la cuerda
Jugar a los bolos
Jugar al *squash*
Ir al teatro
Comprar chucherías
Mirar carreras de coches
Aprender a cultivar bonsais

Jugar a tres en raya
Jugar a «Simón dice...»
Jugar al bingo
Jugar al futbolín
Hacer rompecabezas
Jugar al billar
Dar de comer a los peces
Mirar la salida o la puesta del sol
Hacer trabajos en madera
Ir de cámping
Jugar al ajedrez o a las damas
Ir a la ópera
Jugar con las olas
Salir a pasear en coche
Caminar
Mirar cómo los sapos cazan insectos
Observar a los pájaros
Jugar con arcilla
Mirar las nubes
Dibujar
Invitar a un amigo
Sentarse en la terraza de un bar
Ir al zoológico

El pensamiento creativo

Como usted ya sabe, el uso de la meditación y la visualización es una parte vital del trabajo que haremos en este libro. Sin embargo, no se trata de hacer de ello un proceso pesado. Si cree que le puede fastidiar el hecho de meditar todos los días, empiece haciéndolo día sí, día no, o incluso menos. Si acaba de empezar a explorar el pensamiento creativo, también es posible que no sepa dónde quiere estar con respecto a este ámbito dentro de dos años. Algunos pacientes nuestros establecen objetivos muy amplios en este campo, como por ejemplo: «Quiero entender más de meditación y de visualización y sentirme más a gusto con estas técnicas», o «Quiero terminar incorporando a mi vida estas dos técnicas».

A medida que usted vea con más claridad cómo funciona su mente y cuál es su manera de aprender, descubrirá que muchas actividades son un aporte para su pensamiento creativo. A veces un paciente sólo conecta realmente con este ámbito al leer un libro sobre el golf o el tenis donde se estudian los aspectos mentales del juego. Entonces empieza a ver las similitudes con lo que nosotros le pedimos que haga por su salud. Yo toco varios instrumentos como aficionado, pero aprender una pieza siempre me recuerda cuánto esfuerzo consciente y cuánta atención a las notas individuales se necesita para llegar a ese momento maravilloso en que todo se organiza en mi inconsciente y empiezo a tocar sin tropiezos. Es el mismo proceso que seguimos en el aprendizaje de creencias nuevas.

El propósito

Algunos pacientes identifican su trabajo o su profesión como su principal propósito en la vida, pero muchos otros no. Quizás usted considere que el propósito más profundo de su vida es su *hobby,* o su trabajo voluntario, o sus amigos, o su familia. En la serie de cartas verá cómo este punto fue cobrando una importancia creciente para Reid.

Su sabiduría interior le ayudará mucho a aclarar sus objetivos. Algunas personas piensan erróneamente que tienen que convertirse en alguien diferente, que deben incluir en su vida metas nuevas y más «nobles». En realidad, lo que tiende a aparecer se relaciona con lo que ya estamos haciendo... no por accidente estamos donde estamos. Ya nos encontramos en el camino; simplemente necesitamos tener más conciencia de ello, volver a enfocar nuestro pensamiento y sintonizar bien con él. Es probable que un hombre que identifique su propósito con su trabajo necesite descubrir qué partes de su trabajo significan más para él y buscar maneras de dedicarles más tiempo. Una mujer cuya vida está centrada en ser una buena madre puede deprimirse en el momento en que vea que sus hijos ya se las arreglan solos. Pero una de las partes más importantes de la función maternal es ofrecer modelos, simplemente a partir de cómo vive la madre su propia vida. Así puede continuar siendo madre en un nivel más profundo.

Recuerde que su nueva sensación de tener un propósito no invalida su experiencia anterior. Es probable que su propósito vaya variando a lo largo de toda la vida. Algunos de los cambios que constatamos son muy sutiles. La vida externa de una persona puede cambiar relativamente poco, en tanto que los cambios internos son enormes.

En el Centro trabajamos mucho con el propósito, porque es frecuente que la enfermedad sobrevenga en momentos críticos en que el propósito de la vida cambia; por ejemplo, cuando un punto central previo, como el trabajo, los hijos o la relación de pareja, deja de llenar nuestros días. En esos momentos necesitamos traducir o adaptar nuestro propósito interior a las nuevas circunstancias, porque el propósito forma parte de nuestro mecanismo de supervivencia.

Si usted se siente incapaz de identificar algún propósito «importante», pregúntese simplemente cuál es, hoy, su conexión más fuerte con la vida. ¿Qué es lo que hace que se sienta más vital, que se comprometa? Quizás esta noche sea Nochebuena, y se le ocurra como respuesta: «Hoy estoy aquí para prepararles el belén o el árbol de Navidad a mis hijos». Entonces, entréguese de todo corazón a ese propósito.

Un balance decisivo

En estos tres últimos capítulos usted ha podido tener cierta visión en profundidad de tres de los recursos básicos que enseñamos en el Simonton Cancer Center: la comunicación con su persona de apoyo; el trabajo con la meditación y la sabiduría interior, y la formulación de un plan de dos años para sanar. Sus habilidades para meditar y trabajar con su sabiduría interior irán mejorando a medida que practique estos procesos. Su plan le ayudará a concentrarse, a vivir más conscientemente y a tomar decisiones más prudentes.

Creo que la rapidez con que usted sane y la naturaleza de su curación —ya sea que se produzca a corto o a largo plazo— dependen de su imaginación, su actitud, sus creencias, opciones y decisiones, y de su voluntad de vivir. Creo que a medida que empiece a equilibrar los aspectos físicos, mentales y espirituales de su vida, se sentirá más feliz y encontrará que la vida es más interesante y más digna de ser vivida. Estos cambios se reflejarán en su salud. Y aunque ni Reid ni yo podemos decirle cómo ha de equilibrar su vida, podemos guiarle hacia ese objetivo.

Plan personal de dos años para sanar

	3 meses	6 meses	9 meses	12 meses	15 meses	18 meses	21 meses	24 meses
				DETÉNGASE AQUÍ POR AHORA. ACABE DE HACER SU PLAN DURANTE LAS SEMANAS SIGUIENTES				

6

Introducción a la serie de cartas

Cómo le puede ayudar la experiencia de Reid Henson

Con las cartas de Reid le ofrecemos la oportunidad de tener una visión a fondo de lo que pensó y sintió, en lo más hondo de su intimidad, otro paciente de cáncer, con el beneficio adicional de que él vaya señalándole lo que considera más importante para su proceso de recuperación. Estas cartas son un maravilloso instrumento de trabajo, y yo no conozco nada parecido a ello.

El origen

Tras su milagrosa recuperación en 1981, la gente empezó a tener noticia de lo que le había sucedido a Reid, y a sentir curiosidad por este milagro. Había pacientes de cáncer que lo llamaban o iban a visitarlo, y Reid se pasaba horas hablando con ellos. Siempre le hacían la misma pregunta: ¿Qué debo hacer para recuperarme?

Reid no conocía la respuesta a esa pregunta; lo único que sabía era lo que había hecho él. Además, no se sentía cómodo diciéndole a la gente lo que tenía que hacer con su vida, especialmente cuando sabía que se encontraban en una situación que ponía en peligro su vida.

Sin embargo, sentía la necesidad de escribir algo, aunque no supiera qué. Por la mañana solía despertarse temprano, alrededor de las cinco, sintiendo que debía levantarse para escribir, pero durante largo tiempo no lo hizo. Finalmente, una mañana, en respuesta a esa necesidad, se levantó, bajó a su despacho y tomó la pluma. Estuvo horas escribiendo, anotando sus pensamientos de manera muy semejante a como lo había hecho cuando recibió el mensaje después de que arrestaran a su hijo. En ese momento nació la serie de cartas.

Poco después de haber terminado unas quince cartas, a Reid empezaron a acabársele las ideas, y pensó que ya no tenía nada más que decir. Más adelante se dio cuenta de que había entendido mal algunas de sus experiencias con el cáncer y de que, como resultado de ello, la energía y la sabiduría necesarias para la serie de cartas habían dejado de fluir.

Cuando una vez más volvió a aumentar su comprensión, al seguir estudiándose y observándose y hacer lo mismo con el mundo que lo rodeaba, el misterioso estímulo para escribir reapareció, y junto con él las ideas.

Reid me trajo las cartas y me pidió que le ayudara a seguir con ellas. Las revisamos cuidadosamente y estuvimos meses trabajando en ello antes de empezar a enviárselas a pacientes de cáncer. Pronto, sin más información que la transmitida de persona a persona, de todo el mundo empezaron a llegarnos pedidos de gente para que se incluyera su nombre en la lista de correos de Reid, y nosotros comenzamos a ofrecer las cartas a algunos de los pacientes de cáncer que llamaban al Simonton Cancer Center. En el término de un año Reid empezó a recibir respuestas asombrosas, de pacientes que le escribían para decirle que estaban experimentando cambios milagrosos en su salud y en su vida.

Creo que cualquiera puede aprender de la buena disposición de Reid a explorar y a experimentar lo milagroso, y las respuestas a sus cartas han sido un buen indicio de ello. Sin embargo, lo que Reid dice es lo que él hizo, no lo que usted debe hacer. Recuerde siempre que lo que beneficia a una persona puede ser dañino para otra. Usted necesita seguir su propio camino, no el de otra persona. Deje que las experiencias de Reid y de otros le ayuden a encontrar su camino, pero no intente andar por una senda ajena.

Una de las cosas que más maravillan en las cartas de Reid es que, aunque lo que comparte son sus experiencias con el cáncer, parece que de su mensaje emanara una fuerte atracción para la gente que padece todo tipo de problemas. Reid ha tenido noticias de personas adictas a las drogas, de otras que están en proceso de divorcio o que han sufrido recientemente una muerte en la familia y que padecen casi cualquier tipo de enfermedades, desde alergias hasta el sida: todas ellas encuentran que la lectura de sus cartas ha originado cambios saludables en su vida. Como yo me dedico a trabajar con pacientes de cáncer, será a ellos a quienes dirija mis comentarios; sin embargo, sea usted quien fuere, y sea cual sea su problema, creo que estas cartas pueden representarle una ayuda y un consuelo.

El propósito de las cartas

Según mi experiencia, si bien muchos pacientes están dispuestos a hacer cambios para salvar la vida, con frecuencia estos cambios son temporales o aislados. Sanar del cáncer exige cambios profundos y duraderos. En el fondo, sanar del cáncer es sanar la vida, y ese es un proyecto continuo, no algo que se pueda hacer de la noche a la mañana.

He comprobado que los pacientes que examinan sus creencias más básicas y consideran —o reconsideran— cuestiones tales como su propósito en la vida y sus creencias respecto a Dios, experimentan a menudo cambios profundos que generan en ellos un nuevo equilibrio físico, mental y espiritual que los conduce a la salud. La creación de un medio interno y externo de estas características exige, al parecer, estímulos positivos y productivos repetidos frecuentemente durante largo tiempo. Dicho de otra manera, se necesita una estimulación continua que le inste a uno a actuar de manera positiva sobre su salud. Y eso es lo que esperamos que esta serie de cartas le proporcione a usted.

La supervivencia prolongada

Yo suelo decir que el único elemento común en todos los casos de supervivencia prolongada es la supervivencia prolongada. Puesto que cada uno de nosotros es un ser único, también es único cada uno de nuestros procesos, y eso es válido para cada caso individual y concreto de supervivencia prolongada.

Nuestra sociedad está muy capacitada para reunir información y compilar estadísticas sobre el número de personas que padecen cáncer, el de supervivientes, el de los que mueren, el porcentaje de aquellos en quienes se manifiesta el cáncer según el lugar donde viven, etcétera. Uno de los problemas que plantea este enfoque es que la información no se le aplica a usted en cuanto individuo. Como no puede saber de qué lado de las estadísticas está, para usted no significan nada. Quizás una persona entre mil sobreviva a alguna enfermedad rarísima, pero si esa persona es usted, para usted el índice de supervivencia es del ciento por ciento.

Le sugiero que sea cual fuere el tipo de cáncer que padezca, se olvide de las estadísticas al respecto. Usted no es como todas las otras personas que tienen o han tenido ese cáncer: usted es usted, un individuo único, y está haciendo cosas importantes para reforzar el tratamiento, sea el que fuere, que ha escogido. Está usando procesos mentales y espirituales para hacer que el tratamiento funcione. Y si bien actualmente disponemos de estadísticas referentes a la influencia positiva de la terapia y de otros procesos mentales, no las tenemos sobre los enfoques espirituales. Todavía no sabemos cómo se traduce, en cifras, la introducción de elementos espirituales en el proceso de curación del cáncer. Sin embargo, ¡me parece que es mucho más probable que usted protagonice un milagro o una recuperación espontánea si tiene la convicción de que es posible! A lo largo de años, esta ha sido mi experiencia con un paciente tras otro. Aunque quizás usted no crea en milagros y se le haga inconcebible que realmente pueda llegar a sucederle uno, vamos a trabajar con esa posibilidad de la misma manera que trabajamos con sus creencias sobre el cáncer.

Las cartas de Reid le ofrecen la oportunidad de hacer una nueva evaluación del cáncer y de la posibilidad de curarlo que puede ser útil e importante para usted. Y quiero insistir en la palabra «útil». Este no es un libro filosófico, sino un libro práctico. Úselo, no se limite a leerlo. Si lo único que hace es leerlo, no le va a resultar ni mucho menos tan eficaz como si hace el trabajo.

Hacer el trabajo

Cuando conocí a Reid, una de las cosas que me preocuparon inmediatamente fue el tremendo miedo que tenía. Todavía recuerdo la intensa expresión de miedo que vi en sus ojos aquel día. Es verdad que el miedo lo motivaba a actuar, pero resolverlo era fundamental para que se recuperara. El miedo intenso genera una fuerte tensión nerviosa; es un asesino. Superarlo es decisivo para avanzar hacia la salud. Reid estaba dispuesto a cambiar las creencias que le producían ese miedo, y a hacer cualquier otra cosa que fuera necesaria para recuperarse.

Ahora mismo, es probable que a usted le abrume y le inmovilice el miedo al cáncer o a la muerte. Para superar eso es necesario que empiece a hacer el trabajo que le ofrece este libro, con el ritmo que le resulte más cómodo. La práctica regular de la meditación puede proporcionarle un rato de tranquilidad para descansar de las preocupaciones y concentrarse en pensamientos saludables. Si todavía no ha probado los ejercicios de meditación del capítulo 4, le insisto para que lo haga antes de empezar con la serie de cartas. La meditación y la visualización pueden ser muy útiles para considerar los temas que Reid presenta en sus cartas. Su sabiduría interior también puede resultarle muy útil, de modo que si todavía no ha entablado conocimiento con ella, siga trabajando ese aspecto.

Tengo la esperanza de que a estas alturas ya haya empezado a hacerse su lista de juegos. Es importantísimo tomarse tiempo para jugar, incluso si no lo ha considerado como un objetivo prioritario en su plan de dos años para sanar. Haga algo que le divierta antes, durante o después del tiempo que dedique a trabajar en su salud.

Sugerencias para trabajar con las cartas

Reid y yo le pedimos que use las cartas tal como están destinadas a que se las use. Si se limita a leérselas una detrás de otra, no va a sacar de ellas ni mucho menos tanto como obtendrá si las utiliza de manera más creativa.

Al principio, Reid se las mandaba a cada una de las personas que tenía en su lista una vez por semana. Eso proporcionaba a cada persona siete días para leer y releer cada carta, una semana entera para pensar en el material y experimentar con las ideas y sugerencias que contenía.

Aunque usted tenga acceso a todas las cartas a la vez, le sugerimos que se lea la misma carta cada día durante siete días, o durante varios días por lo menos, antes de pasar a la siguiente. Cada carta contiene puntos clave, relacionados con las creencias centrales que pueden desempeñar un papel fundamental para ayudarle a cambiar su punto de vista. Si se las lee todas de cabo a rabo, tanto material nuevo puede abrumarle. Pero si trabaja sólo con una carta durante cierto tiempo, probablemente se encontrará con que va encarando los problemas clave y empieza a modificar sus creencias en una dirección que es buena para su salud.

Necesita una cantidad de tiempo razonable para integrar cada nuevo concepto en su pensamiento. A medida que su visión empiece a cambiar, ese cambio le proporcionará un terreno fértil para que el concepto siguiente pueda arraigar.

Si decide seguir leyendo, como estoy seguro de que querrán hacerlo muchos lectores, recuerde por qué le pedimos que se dedique un tiempo a cada carta y que trabaje ordenadamente con ellas: porque están pensadas para ayudarle a construir, paso a paso, cimientos nuevos, a reforzar poco a poco la base sobre la cual descansa su vida.

El simple hecho de leer cada carta durante una semana ya le

resultará útil, pero será aún más eficaz que participe activamente en el proceso de integrarlas en su pensamiento. Tome notas, escriba en los márgenes del libro, lleve un diario, grabe cintas... Haga de esto un proceso continuamente activo. Su disposición para hacer el trabajo, su determinación a mejorar, la cantidad de tiempo que le dedique y el nivel en que participe serán, todos, factores importantes.

Probablemente se encontrará con que algunas cartas adquieren más valor para usted que otras. Quizá quiera dedicar a algunas de ellas más de una semana, cuando aborde sus necesidades o intereses más especiales.

Si se siente demasiado mal para leerlas, pida a alguien que se las lea en voz alta, o que se las grabe. Si se siente demasiado mal para tomar notas, grabe en una cinta las ideas que se le ocurran. Si no está de ánimo para grabar sus pensamientos, medite en ellos y válgase de su sabiduría interior para que le ayude a profundizarlos más. Puede serle útil repetir simplemente los procesos básicos de meditación que aprendió en el capítulo 4 una o más veces por semana, tomando notas de las imágenes que le surjan cada vez. Observe si las imágenes cambian o no a medida que va recibiendo información nueva. Recuerde que puede cambiar intencionadamente sus imágenes para convertirlas en lo que quiera que sean. Anótelas e identifique aquellas que le dan un sentimiento de poder especialmente fuerte en su trabajo de curación.

En algunos casos puede encontrarse con que está en total desacuerdo con lo que piensa y hace Reid. Para recuperarse no es necesario que esté de acuerdo con él; en realidad, discrepar es una forma de participar. Pero no se limite a desechar lo que dice Reid; tome algunas notas sobre la razón de su desacuerdo.

Tal vez usted no sepa si está o no de acuerdo con el enfoque de Reid. Eso también está bien. Experimente con algunas de las cosas que él hizo, y vea si le van bien a usted.

Después de una o más cartas referentes a un tema determinado, yo comentaré el punto de vista de Reid y le ofreceré algunas alternativas. Con mis comentarios y sugerencias usted podrá hacer una comprobación de cómo va con este trabajo. A diferencia de las cartas, no es necesario que se lea los comentarios durante siete días. Puede leerlos después de haber terminado su trabajo con la carta que los precede, o puede hacerlo antes si una sección le resulta especialmente difícil.

Se encontrará con temas y enunciados que se repiten en las cartas y en mis comentarios. La repetición es intencionada. Yo sé que cuando uno no se siente bien, la concentración suele ser difícil. Por eso le pido que lea varias veces cada carta, y esa es una de las razones de que repita o subraye los enunciados importantes. Quiero estar seguro de que tenga más de una oportunidad de considerar e integrar los conceptos primordiales.

En mi opinión, es estupendo que Reid esté dispuesto a publicar sus cartas, a descubrir tan francamente su vida y sus creencias. Se muestra abierto y sincero en la expresión de quién era y quién es, y está dispuesto a someterse al juicio de otros con tal de compartir sus experiencias y de ser útil. Espero que reciba cada una de estas cartas en su corazón, como si Reid fuera un mensajero especial, portador de un mensaje dirigido muy personalmente a usted.

Reid y yo queremos que sepa que cuenta con nuestro apoyo, que deseamos que se recupere. Pero más importante aún es que creemos que el universo entero le apoya en sus esfuerzos. Usted está aquí sobre la Tierra por una razón: para hacer su propia y especial contribución, sea la que fuere. Que experimente su alegría más personal y su satisfacción más profunda forma parte del mejor interés del universo. Esperamos que así sea, y esperamos haberle permitido iniciar esta emocionante aventura con un profundo sentimiento de maravilla y curiosidad.

SEGUNDA PARTE

Las cartas de Reid Henson

1

Convertirse en un estudiante de la vida

Querido amigo, querida amiga:

Me alegro de poder compartir con usted algunas ideas que me han ayudado a realizar cambios importantes en mis actitudes y en mis puntos de vista sobre la vida. Al principio me resultaba difícil ver las cosas desde un ángulo diferente de aquel en el que me había quedado estancado durante años.

Tardé en darme cuenta de que necesitaba cambiar, y en aceptarlo. Me resistía a ver la verdad sobre lo más íntimo de mí mismo. Aunque comprobé que tenía muchos rasgos indeseables, una mirada retrospectiva me permite ver que tenía y tengo también muchas buenas cualidades. Pero por alguna razón, al comienzo de mi experiencia con el cáncer, los rasgos negativos tendían a predominar en mi conciencia y hacían que me resultara muy desagradable el intento de observarme de cerca.

Al volver a pensar en ello ahora, me parece claro que mi miedo al cambio reflejaba en gran medida el miedo que me daba mi propio ser más íntimo. Yo sospechaba que muy adentro de mí mismo había algo que se merecía morir, y no estaba preparado para afrontarlo. Veía aproximarse la muerte y sentía que tenía que haber algo que yo pudiera cambiar en mí, o en mi vida, y que evitara que aquello sucediera. Sentía que debía cambiar para eludir la muerte, y sin embargo tenía miedo de cambiar porque no sabía adónde me conducirían tosos esos cambios en mi vida. Ambas alternativas me asustaban, pero la muerte me asustaba más. Ahora puedo ver que el miedo a la muerte fue uno de los estímulos más poderosos que me condujeron a cambiar mi vida.

Una idea que me ayudó muchísimo a realizar cambios saludables fue adoptar el punto de vista de un «estudiante de la vida». En cuanto tal, me convertí en un observador independiente de mí mismo. Desde mi nuevo punto de vista, empecé a tratar de ver cada cosa que sucedía en «la vida de Reid» como una oportunidad de aprendizaje. En vez de juzgar cada una de ellas como buena o mala, intentaba mantener la objetividad y ver que algunas experiencias son simplemente más difíciles que otras. También procuraba recordar que no conocía todos los hechos. Descubrí que, cuando me olvidaba de representar ese papel de estudiante a medida que transcurría «la vida de Reid», me resultaba útil recordar más tarde lo que le había pasado a «él» y darme cuenta de lo que podía aprender retrospectivamente. Empecé a ver que las cosas no siempre salían como yo esperaba.

Me di cuenta de que mi nuevo punto de vista me liberaba de cualquier necesidad de cambiar el mundo, los acontecimientos, las personas o lo que fuere. Empecé a verme como un aprendiz de todos los aspectos de la vida, y también a ver a los demás como mis compañeros en el estudio de la vida, independientemente de cómo se vieran ellos mismos. Esto último me ayudó a empezar a aceptar a los demás tal como son.

Los cambios no se produjeron de la noche a la mañana, pero se produjeron, y no hay duda de que me favorecieron. Mi punto de vista de estudiante me permitió gradualmente moverme por la vida con un ritmo más cómodo y placentero, y no me provocaba demasiada tensión, porque me permitía una vivencia de libertad, sin el sentimiento de que tenía que controlar lo que de todas maneras no podía controlar. Yo necesitaba cambiar interiormente, pero había estado desperdiciando tiempo y energía en el intento de cambiar a los demás, así como los sucesos pasados y futuros.

Antes de convertirme en un estudiante de la vida, me preocupaba por cada decisión que tomaba, y no había prácticamente nada que me aliviara de esta ansiedad que yo mismo generaba. Finalmente me di cuenta de que, independientemente de lo que resultara de mis decisiones, como estudiante podía beneficiarme de cualquier decisión que tomara, si aprendía de la experiencia.

Comprobé que progresaba más y con menos tensión si me preocupaba únicamente de la decisión inmediata, concentrándome en el presente y haciendo una elección clara. Me di cuenta de que, aunque cada elección tuviera sus consecuencias, yo siempre podía evaluarlas, aprender de ellas y volver a elegir.

Eso redujo el nivel de tensión en mi vida, porque me permitió concentrarme en las opciones que tenían importancia en el momento presente, mientras al mismo tiempo me daba cuenta de que las cosas no saldrían necesariamente como esperaba. Tomé más conciencia de que las opciones futuras todavía habían de presentarse ante mí, y de que las pasadas ya se habían concretado. Por consiguiente, las únicas opciones entre las que verdaderamente podía elegir eran las que se me ofrecían aquí y ahora.

Empecé a tratar de tener más conciencia del momento, preguntándome «¿Qué está pasando ahora mismo?» y «¿Qué puedo hacer yo al respecto?». Con frecuencia, la única opción posible era relajarme, observar a «Reid» y aprender.

A medida que asumía más la actitud de vivir la vida en vez de empeñarme en controlarla, me fui sintiendo cada vez más cómodo con lo «inesperado», y eso me ayudó a salir de los límites de mi entendimiento actual y adentrarme en territorio desconocido para reunir, considerar y almacenar información nueva que pudiera servirme para cambiar la forma en que estaba viviendo y experimentando la vida.

Conforme iba profundizando en mi papel de estudiante, empecé a sentirme cada vez más cómodo con la idea de considerar a la muerte simplemente como un cambio más. Llegué a la convicción de que la muerte no es más que otra experiencia de transición hacia una escuela diferente que seguirá ofreciéndome las lecciones que necesito. Empecé a darme cuenta de que Dios se había ocupado muy bien de mí en esta experiencia, y eso me dio la seguridad de que seguiría haciéndolo en cualquier cosa que viniera luego. Mi miedo al cambio y a la muerte acabó desapareciendo.

Puesto que tenía cáncer, investigué muchas ideas, puntos de vista y experiencias. Actué. Escogí, evalué, aprendí, y después volví a escoger.

Comentarios a la primera carta

En el concepto de estudiante de la vida subyacen algunas de las creencias fundamentales de Reid: Cree que hay algo que se puede aprender de la vida, que en el universo hay una fuerza creativa que intenta enseñarnos algo a partir de nuestras experiencias, y que esta fuerza vital nos ama y nos cuida y ha creado este proceso de aprendizaje en nuestro beneficio y en el del universo. Evidentemente, en su experiencia con el cáncer, estas creencias fueron muy saludables para Reid.

El concepto de discípulo forma parte de muchas tradiciones espirituales, pero para Reid era nuevo. Se convirtió para él en un recurso importante porque le permitió ver su enfermedad y su vida desde un punto de vista objetivo. Cuando uno es objetivo, está en un estado de neutralidad emocional que, como ya hemos visto, estimula los sistemas de curación del cuerpo.

Al evaluar para su propio uso el concepto de estudiante de la vida, considere que a Reid le permitió empezar a tener una vivencia más plena de su vida, desde el momento en que estaba, en cierto sentido, dándose permiso para experimentar todas las emociones y todos los pensamientos que surgieran en él, fueran cuales fuesen. Ya no sentía que tuviera que controlar o evitar nada para no dejarse abrumar. En cambio, podía sentir y pensar cualquier cosa y seguir manteniendo una distancia segura gracias a su condición de observador objetivo.

Éste puede ser un campo de trabajo interesante para usted, porque es probable que, como paciente de cáncer, esté luchando por tener más control sobre su vida en un momento en que siente que su cuerpo le ha traicionado. Si le parece que ha perdido o está perdiendo el control de su vida, haga un esfuerzo por cultivar más su confianza en sí mismo (o en sí misma) y en su capacidad de sanar. En vez de empeñarse en obtener un control total, vaya dando pasos pequeños que influyan en su vida y en su salud.

Entiendo muy bien a aquellos de ustedes a quienes les gustaría adquirir control rápidamente, pensando que de esa manera obtendrían resultados físicos inmediatos. Reconozco fácilmente este problema en mis pacientes, porque yo mismo lo tengo. Tiendo a hacer las cosas demasiado rápido y en exceso: jugar, hacer ejercicio y trabajar. He necesitado mucho tiempo para equilibrar mi vida, y todavía de vez en cuando se me desequilibra. Tengo la suerte de estar rodeado de personas que cuando ven que me estoy forzando me lo recuerdan y que me apoyan en mis intentos de recuperar el equilibrio. Mi mayor ayuda, sin embargo, es mi propia autoconciencia.

La actitud de estudiante de la vida es un método excelente para ir tomando conciencia. He aquí un par de maneras sencillas de empezar a poner en práctica esta disposición anímica:

- *Lleve un diario.* Al final de cada día, repase los pensamientos y las emociones que surgieron en usted durante sus actividades. Anote lo que ha aprendido al mirar retrospectivamente sus ideas y emociones, tomando especial conciencia de la forma en que sus pensamientos y sus creencias crean las emociones.

  O, como estudiante de la vida, pase revista a sus experiencias con el cáncer. Tome nota de lo que piensa y de cómo se siente con lo que ha aprendido hasta ahora. Y conserve sus notas para evaluar su progreso a medida que siga aprendiendo. Recuerde que sus emociones son el resultado de sus creencias y sus pensamientos, de modo que si quiere sentirse mejor, necesita pensar de un modo más sano.
- Si hasta ahora no lo ha hecho, *haga una lista de cosas que hacen que se sienta mejor.* Pregúntese directamente qué puede hacer para mejorar la forma en que se siente. Y

haga una de esas cosas hoy, con la actitud de un estudiante de la vida. Hágalo como un ejercicio para aprender a confiar en su capacidad de influir sobre la forma en que se siente si emprende acciones y practica creencias sanas.

Después de haberse convertido en un estudiante de la vida, Reid no fue más capaz que antes de controlar su vida, sino que se liberó de la necesidad de controlarla en la medida en que la experimentaba desde un punto de vista objetivo y neutral. De esta nueva creencia en que la vida es la maestra y él el discípulo se derivó una actitud inconsciente más saludable hacia lo que le sucedía.

Cada vez que usted decida usarlo, el punto de vista del estudiante de la vida puede darle la libertad de reconocer todas sus ideas y sentimientos, especialmente los difíciles y negativos. Cuando se sienta en libertad de tener ideas y emociones negativas, es probable que entienda un poco mejor la forma en que usted las creó; y esta es una visión interior que no alcanzaría si se resistiera a ellas o las reprimiera.

El objetivo final es seleccionar qué pensamientos o ideas quiere conservar y cuáles quiere cambiar. Podrá lograrlo si sigue examinando sus creencias y cambiándolas para generar emociones positivas o neutras. Éste es un proceso que dura toda la vida, un ideal al cual acercarse, no algo que se alcance de golpe. Un paso que puede dar en esa dirección es simplemente insistir en la práctica de pensar cosas que le levanten el ánimo. Cualquier tiempo que dedique a ello le ayudará a pasar a un estado de relajación o neutralidad que representa una contribución positiva a su salud.

He aquí un ejercicio práctico en este terreno:

- Esta semana *haga la experiencia de tener conciencia de las emociones negativas*, específicamente de la cólera, el miedo o la desesperanza. Cuando tome conciencia de que está experimentando una de estas emociones, observe y anote inmediatamente cuál es la creencia que la produce. Recuerde que su objetivo no es suprimir la emoción, sino trabajar con ella. Use el ejercicio para obtener el dominio emocional que ofrece el capítulo 4 con tanta frecuencia como lo necesite.

Reid necesitó largo tiempo, tuvo que pasar por muchas experiencias y contar con mucha ayuda profesional antes de poder cambiar sus creencias y pensamientos malsanos y las emociones que de ellos resultaban. Tómese su tiempo, haga el trabajo a su propio ritmo, preste atención a cómo se siente y no haga más que lo que tenga deseos y energía para hacer ahora mismo.

2

Culpa, autoridad y control

Querido amigo, querida amiga:

Mis progresos no fueron muchos hasta que no concentré mis recursos en los problemas reales, que estaban dentro de mí. Culpar a los demás me había impedido hacerlo así durante años. El hábito de culpar a los demás de los problemas que yo tenía en la vida estaba profundamente arraigado en mí. Sé que es una tendencia humana bastante común, pero descubrí que me resultaba muy malsana. Me hacía sentir como si fuera una víctima indefensa de toda clase de cosas que escapaban totalmente de mi control.

Aquello era peligroso porque, mientras seguía culpando a los demás de mi situación, poco o nada hacía para solucionar mis problemas, que seguían acumulándose, y a medida que pasaba el tiempo la carga iba haciéndose mayor. Finalmente, pude ver que culpando a los demás no había mejorado mi vida ni era probable que alguna vez lo hiciera.

Al echar una mirada retrospectiva a mi vida después de la experiencia del cáncer, me asombra darme cuenta de lo difícil que me resultaba enfrentarme con una gran variedad de situaciones. Yo tenía la idea de que si no resolvía los problemas con que tropezaba, era un fracasado. Y comprobé que aquél era un punto de vista que generaba mucho estrés, porque me resultaba imposible «arreglar» a toda la gente que me estaba «causando» todos aquellos problemas.

Como creía saber qué era lo mejor, con frecuencia me parecía razonable que alguien o algo fuera la causa de un suceso desafortunado. Y fuera quien fuese (o fuera lo que fuese), merecía ser culpado, porque era la causa del error, y había que castigarlo o corregirlo. Con frecuencia, me indignaba tener que perder el tiempo corrigiendo algo que, en mi sentir, debería haber estado bien desde el comienzo.

En muchos casos, había decidido que yo sabía lo que era bueno, mejor o incluso ideal para todos los implicados. Naturalmente, en realidad no conocía todas las intenciones, prioridades y relaciones recíprocas entre las personas o los acontecimientos que configuraban las circunstancias en que me encontraba. Pero con frecuencia resultaba muy fácil hacer caso omiso de esa falta de información y de comprensión.

Sin embargo, cuando comencé a aplicar el punto de vista del estudiante de la vida a mi tendencia a echar la culpa a los demás, las cosas empezaron a parecerme bastante diferentes. Como estudiante, prestaba más atención a aprender que a culpar. Eso quería decir que me concentraba más en lo que realmente estaba sucediendo que en lo que yo me imaginaba que debería pasar. Y si me veía como alguien que estaba aprendiendo de cualquier cosa que sucediera, parecía contradictorio que estuviera pensando cosas negativas (culpando) de las personas y los acontecimientos de los que estaba aprendiendo.

Aún seguía viendo cosas que sentía que no estaban bien, pero desde un punto de vista un poco más positivo. Descubrí que en vez de hablar de «culpa» podía usar el concepto de «responsabilidad». Quizás a usted le parezca que estoy hilando demasiado fino, pero le ruego que tenga paciencia y se fije en los puntos siguientes:

- Si en una determinada situación veía a alguien como «culpable», tenía un sentimiento negativo hacia esa persona y tendía a pensar que merecía que la castigaran por la ruindad de sus acciones.
- Si, por otra parte, me decidía a ver a la misma persona como «responsable», eso la ponía bajo una luz más positi-

va; una persona podía ser buena o mala, pero en ambos casos era responsable.

Al practicar utilizando la frase «es responsable» en vez de «es culpable», empecé a darme cuenta de que, al parecer, responsabilidad y autoridad iban juntas. Si yo culpaba a alguien por mi situación o mi desdicha, estaba dejando además que esa persona tuviera autoridad sobre mí. Si cedía la autoridad sobre ciertos aspectos de mi vida a los demás, estaba renunciando sin proponérmelo a mi propio poder de elegir libremente y de ser responsable de mí mismo.

De hecho, me di cuenta de que estaba cediendo a otras personas el control que había querido tener yo mismo. Luego de haber dejado de lado, en alguna medida, mi tendencia a controlar, pude ver que asumir la plena responsabilidad de mis propias experiencias me facilitaba, en la práctica, el proceso de aprendizaje. Como estudiante de la vida, esto me parecía razonable.

Mientras estuve atascado en el hábito de echar la culpa a los demás, las cosas solían parecerme irremediables, y me sentía impotente para hacer nada productivo en aquellas circunstancias tal como yo las percibía. El hecho de culpar a otras personas activaba en mí un proceso subconsciente que movilizaba sentimientos negativos, sentimientos que indicaban que alguien debía ser castigado.

La parte realmente sorprendente de lo que aprendí fue que cuando me culpaba a mí mismo por algo, esas mismas fuerzas subconscientes se desataban contra mí. Descubrí que la culpa es una espada de doble filo. Si culpo a alguien por mi situación, entonces mi cólera se orienta hacia esa persona, y siento que debe ser castigada. Si me culpo a mí mismo, soy a la vez el origen y el destinatario de la culpa y del castigo. De modo que aprendí que culpar, tanto a los demás como a mí mismo, era improductivo, me deprimía y me hacía sentir indigno.

Incluso después de haberme dado cuenta de que culparme a mí mismo o culpar a los demás —o ambas cosas a la vez— era contraproducente, me costó adoptar un punto de vista nuevo. En algún momento, durante ese período, empecé a usar con más eficacia el concepto de estudiante de la vida. Decidí experimentar con la idea de que ninguna de las personas a las que estaba culpando se lo merecía realmente. De hecho, estaban haciendo lo mejor que podían con la información y el entendimiento que tenían en ese momento. Al experimentar con esta idea me di cuenta de que todos nos encontramos en la misma situación. Vi a la Humanidad en su conjunto como una especie que está aquí sobre la Tierra para aprender y crecer con el fin de llegar a comprender la vida. De este modo, la culpa se fue convirtiendo para mí en un concepto cada vez menos útil, puesto que aquí en la Tierra todo el mundo está aprendiendo, igual que yo. Esto significaba también que no tenía por qué culparme a mí mismo. Yo era un estudiante, y los estudiantes aprenden, en parte al menos, por ensayo y error. El hecho de equivocarse se convirtió en el preludio al aprendizaje en vez de ser lo que ponía en marcha el proceso de la culpa.

Hoy me parece que muchos aspectos de mi tendencia a culparme se basaban en la idea de control. Como yo sentía que tenía, o al menos que debería haber tenido, todo bajo control, parecía lógico que me culpara de cosas que consideraba que estaban muy lejos de ser ideales. Yo debía ser capaz de hacerlo todo a la perfección, y cuando no podía me culpaba por ello. ¡No era nada extraño que la vida fuera una carga para mí! Habría tenido que vivir en otro mundo para no encontrar cosas por las que culparme.

Poco a poco me di cuenta de que no podía controlar mi vida porque estaba en continua interacción con otras personas y con acontecimientos sobre los que no tenía ningún control. Evidentemente, era contradictorio pensar que podía controlar mi propia vida si no podía controlar todo lo que de una manera u otra influía en ella. Sin embargo, podía ejercer control sobre la forma en que yo respondía ante cada circunstancia a medida que se presentaba.

Con el tiempo, mi tendencia a culparme y a culpar a los demás comenzó a perder fuerza. Empecé a concentrarme en reaccionar ante la vida como un estudiante, observándola a medida que iba transcurriendo. Sucedían las cosas de siempre, pero empecé a ver en ellas más oportunidades de aprendizaje que ocasiones de cargarme y de cargar a los demás de culpa. Al ir sacando cada vez más partido de estas oportunidades de aprendizaje, me encontré cambiando y creciendo con mayor rapidez. La vida comenzó a ser más interesante y fascinante. Y además, yo empecé a sentirme mejor.

3

Sentimiento de culpabilidad, error y crecimiento

Querido amigo, querida amiga:

Un día, durante un período de plegaria y meditación que fue especialmente importante, tuve una notable visión en profundidad que me impresionó muchísimo. Al emerger de ese estado de relajación profunda, me levanté para tomar un par de notas y me quedé muy sorprendido cuando empecé a dibujar complejos diagramas y a escribir página tras página sobre el tema de la culpa.

Redacté una serie de observaciones, cada una de las cuales conducía a la siguiente: «Si soy culpable, debo ser castigado. La severidad del castigo debe estar en relación con el crimen. Mi comportamiento ha echado a perder otras vidas, y por consiguiente también mi vida debe echarse a perder. Corresponde que tenga un problema aún peor que los de aquellas personas cuya vida he estropeado. Tengo leucemia. No hay tratamiento médico eficaz. Mi vida debe terminar. Me estoy muriendo. Como resultado, la balanza de la justicia divina quedará en equilibrio».

Esta imagen global de lo que eran mis procesos de pensamiento en relación con mi enfermedad parecía estar basada en la idea del «ojo por ojo». Puesto que el castigo tenía que echar a perder mi vida, la leucemia parecía lo apropiado.

Fue un tremendo golpe descubrir que albergaba dentro de mí tales ideas. En realidad, no me había animado a indagar en mi subconsciente porque sospechaba que descubriría algo desagradable, y tenía razón.

Por otra parte, me sentí reanimado, porque ahora tenía que trabajar con un tema muy específico. Me pareció que la culpa era una de las principales raíces de mis problemas más importantes, de modo que encaré cada uno de los puntos en los que reconocía que me sentía culpable.

Descubrí que me sentía culpable de toda clase de cosas, entre ellas mi divorcio, la muerte de mi hijo pequeño al nacer y la adicción a las drogas de mi hijo mayor, y empecé a examinar nuevamente mis responsabilidades en cada situación.

Por lo que se refería al divorcio, me di cuenta de que yo había escogido a las mujeres con quienes había salido, había elegido casarme con una de ellas y después había decidido divorciarme. Yo era el responsable de mis acciones y de mis inacciones en ese matrimonio. Lo había hecho todo lo mejor que había podido, teniendo en cuenta mi nivel de entendimiento en aquella época, y mi ex mujer había hecho lo mismo. Nadie se beneficiaba de nuestros respectivos sentimientos de culpabilidad por nuestro divorcio.

Mi segundo hijo de aquel matrimonio murió al nacer. Como mi esposa estaba en el hospital, yo fui solo a una funeraria a escoger un ataúd para nuestro bebé. Después, en tren, recorrí muchos centenares de kilómetros con mi hijo muerto, para llevarlo a mi ciudad natal, donde tuvo lugar la ceremonia del entierro. Estoy seguro de que comprende la profunda angustia que me embargaba. Simplemente, no podía entender cómo un niño inocente podía morir al nacer. ¿Por qué había sucedido aquello? ¿Era por algo que yo había hecho? ¿Por qué me sentía tan culpable?

Había indicios de que el bebé presentaba algunas anormalidades, y me quedé pensando en eso. Quizás una sabiduría muy superior a la mía sabía que su cuerpo no estaba hecho para vivir en este planeta. Finalmente acepté su muerte como un hecho en mi vida, algo que había que experimentar y estudiar. Comprobé que después de haber podido reconsiderar aquella tragedia, sentía más respeto por la fuerza vital que creó el universo y todo lo que hay en él. Aunque yo no lo entendiera, me parecía que no tenía sentido que una fuerza que podía crear el universo se pudiera equivocar. Simplemente, tenía que confiar en que, por más que la razón de la muerte de mi hijo recién nacido estuviera más allá de mi entendimiento, él estaba al cuidado de un poder superior.

También empecé a considerar más atentamente lo que estaba pasando con mi hijo mayor y su drogadicción. Yo creía que le había estropeado la vida, y que por culpa mía era drogadicto. Creía que mi mujer y yo nos habíamos divorciado porque había sido un mal marido, y que el divorcio fue la causa de la drogadicción de mi hijo. Empecé a tratar de verme a mí mismo como ahora miraba a los demás: yo había hecho lo mejor que podía hacer con el entendimiento que entonces tenía. Había cometido errores, muchos errores, pero nunca había consumido drogas, y ciertamente no se las había comprado a mi hijo. A él le había resultado difícil enfrentarse a la realidad, y había optado por recurrir a las drogas como mecanismo de escape. Pero era su opción. Aunque no fuera esa la vida que yo quería que él llevara, sabía que yo no podía controlarla (ni siquiera era capaz de controlar la mía, para el caso).

Al volver a examinar estos problemas, empecé a ver que la culpabilidad era fruto de mi conciencia, y eso me llevó a examinar nuevamente mis opciones pasadas y a hacer que las futuras fueran más sanas. Descubrí que el sentimiento de culpabilidad podía ser una importante voz de alarma, que me advertía que una determinada opción no estaba en armonía con mi conciencia.

También descubrí que no había reconocido la verdadera importancia de los muchos factores que habían intervenido en cada una de aquellas situaciones. Como resultado, me había estado considerando culpable de causar muchas dificultades sobre las que, en realidad, poca influencia tenía. Sobre mí recaía cierta responsabilidad, pero lo mismo pasaba con muchas otras personas, por no hablar de las circunstancias y los acontecimientos. Estaba claro que el control no dependía solamente de mí.

Espero que usted entienda ahora por qué creo que el sentimiento de culpabilidad fue uno de los principales factores que me llevaron a la enfermedad. Fue muy interesante observar la secuencia temporal de las sucesivas mejorías de mi salud en relación con mis progresos en la tarea de enfrentarme seriamente a mi sentimiento de culpabilidad.

Muchas de las personas con quienes he hablado piensan que no debería insistir en la responsabilidad del propio enfermo, aunque sea parcial, en su enfermedad, para no cargarle con el peso de sentirse culpable. ¡No estoy de acuerdo con eso! Como estudiante de la vida, yo asumí la responsabilidad de mi vida y de mi enfermedad, y por lo tanto, la responsabilidad y la autoridad necesarias para hacer algo al respecto. De hecho, me di permiso para usar la capacidad de volver a elegir que Dios me ha concedido. Esta decisión no incrementó mi sentimiento de culpabilidad, que me había abrumado durante muchos años, sino que me alivió de él. Lo que aumentó fue mi capacidad de comprender la vida. Opté por ver mis errores como elecciones ineficaces, hechas por un estudiante de la vida que aún tenía que aprender y crecer. Descubrí que, para mí, ver los errores como una parte natural del proceso de aprendizaje era mucho mejor que sentirme culpable y merecedor de castigo. Además, descubrí que la responsabilidad es mucho más productiva que la visión desesperanzada que se genera cuando uno se siente una víctima.

Comentarios a las cartas segunda y tercera

Parece que culpar sea una de nuestras aficiones, un proceso de pensamiento demasiado común en la cultura occidental, como si todos nos pasáramos demasiado tiempo tratando de descubrir quién tiene razón y quién no.

Reid usó su punto de vista de estudiante de la vida como una manera de abandonar el hábito de culpar y pasar a un estado mental más productivo. Como estudiante de la vida, se planteó que aquello era una lección que ésta le daba. Se trata, por diversas razones, de un enfoque muy poderoso.

Desde su perspectiva de estudiante, Reid pudo considerar con objetividad el hecho de culpar: no estaba juzgándose a sí mismo por hacerlo, sino observando la naturaleza de la culpa.

Como él mismo dice, es necesario que uno tenga cuidado de no pasar de culpar a los demás a culparse a sí mismo por su enfermedad. Sentirse culpable es una señal de que uno se está culpando a sí mismo. Si usted cree que el cáncer es una especie de castigo, es muy importante que reemplace esta creencia por otra más saludable. Siga trabajando con la primera meditación del capítulo 4 para cambiar sus creencias sobre el cáncer. Haga un esfuerzo consciente por no verlo como un castigo sino como una respuesta negativa, un mensaje que usted puede usar para mejorar su vida. El concepto de respuesta negativa es saludable, porque disminuye la sensación de que el cáncer le está controlando la vida y contribuye a ponerlo en perspectiva. Su experiencia vital no es el cáncer, aunque efectivamente lo incluya. Continuar creyendo que el cáncer es una forma de castigo no le conducirá a la salud.

Como señala Reid, ni culpar ni sentirse culpable son actitudes productivas, pero asumir la responsabilidad sí lo es. La responsabilidad le capacita para hacer algo por su recuperación, mientras que la culpa le mantiene en el interior de una estructura rígida hecha de cólera y desesperación. Abordar su tendencia a culpar y su sentimiento de culpabilidad desde la perspectiva del estudiante de la vida le ayudará a ver con objetividad que principalmente son creaciones suyas surgidas de un uso malsano de sus «deberías». «Debería haber hecho tal cosa», decimos, o: «Él no debería haber hecho lo que hizo».

A modo de ejercicio para reconocer sus pensamientos y emociones con respecto a su enfermedad, escriba a quién o a qué culpa usted por haber enfermado, y cómo se siente en relación con esa persona, cosa o circunstancia. Quizá culpe a la gente que le ha hecho la vida difícil de sobrellevar. Tal vez culpe a sus padres o a su familia por una predisposición genética al cáncer. Quizá culpe a su entorno. O tal vez se culpe a usted. Es probable que ni siquiera haya sabido que culpaba a algo o a alguien o que se sentía culpable hasta que se ha puesto a hacer este ejercicio. Considérelo como un ejercicio creativo para descubrir sus sentimientos y pensamientos más ocultos. No haga nada con esta lista; sólo observe qué ideas le vienen a la cabeza y qué emociones siente al ir escribiéndola.

Es probable que después de haber completado la lista descubra que, por más que crea que alguien o algo en particular es la causa directa de su cáncer, esa información no le sirve de nada. A estas alturas, sea quien fuere o lo que fuere, pertenece al pasado, y con lo único que usted puede hacer algo es con lo que está sucediendo ahora mismo. Por lo tanto, quizá le resulte útil adoptar el punto de vista de que no hay nada ni nadie a quien culpar por su enfermedad, tampoco usted. Procure considerarla sólo como lo que le está pasando aquí y ahora, sin relacionarla con nada ni con nadie. Procure ver el cáncer como «algo que es» en vez de verlo en un contexto de causa y efecto. Cuando pueda partir del hecho de que «el cáncer es lo que ahora mismo me está pasando», entonces podrá empezar a caminar más productivamente hacia la recuperación de su salud sin atascarse en la culpa. En otras palabras, por el momento, en lugar de concentrarse en la causa de su enfermedad, concéntrese en lo que puede hacer que se recupere.

El estudio de la culpa no tiene por qué ser algo absolutamente serio. También puede ser motivo de diversión. Haga una lista de todo lo que le ha ido mal en la vida desde que nació. Al lado de cada ítem, escriba el nombre de la persona a quien puede o le gustaría culpar por ese agravio. Después escriba qué tendría que hacer esa persona para que usted considere que están en paz. Esto le permite echar la culpa y, al mismo tiempo, observar la naturaleza de sus sentimientos.

Es probable que, como le sucedió a Reid, vea que su tendencia a culpar a los demás se genera en un problema de control: «¿Quién controla lo que me ha sucedido a mí, a mi salud y a mi vida?».

Si siente que es usted quien controla, eso quiere decir que siente que lo que le sucede es congruente con la forma como piensa que debe ser su vida. Cuando sus experiencias no son compatibles con sus creencias, puede sentirse fuera de control y quizá quiera culpar a alguien o a algo por ese sentimiento. Preste mucha atención a lo que cree y siente sobre el control, y observe hasta qué punto están relacionados sus sentimientos y sus creencias con la culpa.

Poco a poco, es probable que vea que al asumir la responsabilidad mediante sus pensamientos y sus acciones, está en el proceso de recobrar su poder de influir en su salud. Quizás entonces sienta que controla más... o le importe menos no controlar. Tendrá una percepción mejor de lo que puede y lo que no puede cambiar. De cualquier manera, es probable que deje de culpar. Y recuerde que una de las mejores maneras de eliminar la culpa es recordar que todos hacemos siempre lo mejor que podemos con la información y el entendimiento que tenemos en cada momento. Esto es sumamente importante.

4

Creencias y realidades malignas

Querido amigo, querida amiga:

Yo había comprado y utilizado una gran cantidad de programas de autoayuda para lograr el éxito en mis negocios. Cuando usé lo que había aprendido de ellos en el contexto de mi experiencia con el cáncer, aquellos programas pasaron a tener un propósito nuevo. Aunque no haya vuelto a estudiarlos a fondo, no recuerdo ni siquiera uno que no dedicara considerable atención al poder de la creencia. Un tema central en muchos de estos cursos es que nuestras creencias son poderosos determinantes del logro o del fracaso cuando se trata de alcanzar lo que definimos como éxito en nuestra vida.

Quiero repasar con usted algunas de las creencias que yo tenía al comienzo de mi experiencia con el cáncer. Creía que era culpable de estar violando muchas de las que yo consideraba leyes de Dios. Como era culpable, sentía la necesidad de un castigo proporcionado con la falta. Creía que había echado a perder la vida de otra persona —mi hijo—, de modo que me merecía enfrentarme con el final de mi vida. De tal modo, lo apropiado para mí era una enfermedad «terminal», y no se podía permitir que diera resultado ningún procedimiento médico, porque si me sanaban, quedaría desvirtuada la «justicia divina».

Como yo creía que de algún modo estaba en desacuerdo con Dios, me veía como alguien que se encontraba solo en un mundo hostil donde terminaría siendo castigado por la larga lista de crímenes de los que me sentía culpable.

Tenía, por decirlo sin exagerar, algunas ideas no demasiado claras y unos pensamientos muy sobrecogedores acerca del mundo y la naturaleza de la fuerza creadora. Dediqué mucho tiempo a reconsiderar algunas de mis antiguas creencias y a observar la forma en que la mente se vale de las creencias.

Descubrí que era especialmente fecundo anotar lo que hasta entonces había aceptado como verdades respecto de diversas cosas. Empecé por definir «creencia» como la forma en que yo percibía o interpretaba algún aspecto de la vida. Archivamos nuestras creencias o verdades en un nivel subconsciente, y en lo sucesivo operan automáticamente. El hecho de que sean subconscientes implica que normalmente no nos damos cuenta de que existen ni de que están actuando. Sin embargo, las creencias producen los pensamientos, que son los que afluyen a la parte consciente de la mente, y en ese momento es cuando los percibimos.

Esta definición de las creencias me ayudó a entender que las estructuras subconscientes desempeñaban un importante papel en mi enfermedad. Me di cuenta de que la razón de que pudiera pensar en cosas nuevas y sanas pero terminara por retroceder a algo negativo era que no había alterado mis creencias subconscientes, que seguían funcionando como siempre. Vi que muchas de las creencias que había aceptado no eran de fiar porque tenían efectos malsanos en mi experiencia con el cáncer. En realidad, diría que algunas eran tan negativas que es justificado que las llame malignas, y creo que son las que finalmente produjeron realidades malignas en mi vida. A mi parecer, las creencias que incluían la culpa y la consiguiente necesidad de castigo eran especialmente dañinas. Por consiguiente, me pareció que era obvia la necesidad de volver a examinar mis creencias subconscientes, y de modificarlas si podía.

Como pensaba que mis creencias tenían un papel importante en mi proceso de curación, dediqué mucho tiempo a estudiar mi pensamiento y la forma en que podemos crear y almacenar las creencias. He aquí algunas de mis conclusiones:

- La mente es un mecanismo vasto y complejo, y me doy cuenta de que entenderlo por completo es una tarea que excede mis capacidades.
- Mis creencias están almacenadas en mi subconsciente, y se agrupan formando estructuras que interactúan automáticamente para generar pensamientos.
- Puedo fortalecer o debilitar mis pensamientos si soy consciente de lo que estoy pensando. Este descubrimiento me condujo a hacer una distinción. Cuando estoy consciente —dicho de otra manera, cuando actúo como un estudiante de la vida— puedo observar los procesos de pensamiento de «Reid». Puedo coincidir con los pensamientos que genera «su» mente o discrepar de ellos. Puedo decidir qué pensamientos deseo fortalecer, coincidiendo con ellos, y cuáles quiero debilitar, discrepando de ellos. Al hacer esto, puedo decidir a qué creencias o pensamientos de «Reid» les permitiré que se manifiesten en «su» experiencia vital. (Al principio, sin embargo, me resultaba imposible estar lo suficientemente atento como para hacerlo durante más de unos pocos minutos.)
- Mi aspecto espiritual traduce mis opciones en una realidad física de una manera que también está más allá de mi entendimiento.

A pesar del progreso de mi entendimiento, me estaba llevando un tiempo enorme atender a las múltiples facetas de mi mente durante la autohipnosis y la meditación. Me parecía que me llevaría toda la vida explorar laboriosamente la totalidad del laberinto de los procesos y creencias subconscientes. No sabía que llegaría a vivir el tiempo suficiente para completar mis estudios.

Por si todo esto no fuera bastante, en aquella misma época afloró a la superficie otro problema gigantesco. «¿Cómo se puede confiar en que una mente que contiene creencias erróneas y malsanas provenientes del pasado pueda cambiar y seleccionar ahora creencias válidas y sanas?», me pregunté. Aquello me parecía imposible. La única mente con que yo podía trabajar estaba equivocada, y a veces gravemente. En el fondo, yo no tenía demasiada confianza en mi mente ahora que sabía cuáles eran algunas de las creencias que albergaba.

En el aspecto físico, estaba rodando rápidamente cuesta abajo. Había chocado contra un sólido muro en mi intento de encontrar una solución mental a mis problemas de salud. Decidí que las respuestas tendrían que llegarme de la dimensión espiritual, puesto que era la única que no había investigado de manera significativa.

5

Cómo dar al cáncer una respuesta más poderosa que el propio cáncer

Querido amigo, querida amiga:

La mayoría de las personas se escandalizan cuando les digo que ahora veo al cáncer como una bendición porque fue el principal estímulo que me movió a acercarme a Dios. Veo en el cáncer, igual que en todas las demás adversidades de mi vida, un precioso don de Dios que me ayuda a entender mejor cuál es mi papel en la vida en relación con él.

Esencialmente, creo que escogí una respuesta al cáncer —Dios— más poderosa que el propio cáncer. Me imaginé que para él sería fácil curarme del cáncer. Puesto que Dios creó todo lo que existe, sin duda podía crear células nuevas en mi cuerpo.

Consideré que esta respuesta (elegir a Dios) a la adversidad en mi vida era mucho más importante que el problema específico ante el cual yo estaba reaccionando (el cáncer). En cierto modo, me vi forzado a pensar así y a adoptar una serie de conceptos nuevos. Cuando se me hizo evidente que los demás seres humanos no podían resolver mi problema de salud, busqué a Dios y él me respondió. En mi opinión, este cambio es la piedra angular de mi recuperación.

Cuando invité a mi parte espiritual a participar en el problema, descubrí que el Espíritu es capaz de transformar la mente humana. Sólo entonces me di cuenta de que no tenía que conocer todos los aspectos de mi enfermedad para recuperarme. En aquel momento, mi enfoque abandonó el análisis mental para orientarse hacia el cultivo de la confianza en la dimensión espiritual.

Al hacerlo, escogí una respuesta al cáncer que me permitió ver esta enfermedad como una oportunidad para que un «estudiante de la vida» aprendiera algunas lecciones que le hacían mucha falta.

Una de las lecciones clave fue darme cuenta de las muy definidas limitaciones de los procesos mentales humanos. La mente humana puede relacionar diversas creencias mediante asociaciones nuevas, y así dar la impresión de que es creativa, pero poco a poco fui viendo que estas creaciones eran en realidad nuevas combinaciones de lo que ya estaba presente en la mente. También descubrí que el aporte espiritual proveniente de la fuerza creadora podía verse fácilmente limitado o deformado por mis creencias previas. En realidad, parecía que mi mente tendiera a bloquear todo aquello que todavía no estaba en condiciones de afrontar.

A medida que estas limitaciones mentales se me iban haciendo evidentes, empecé a darme cuenta con mayor profundidad de que era esencial que tuviera alguna forma de contacto espiritual. Ya estaba usando la meditación, la relajación progresiva y la oración en el intento de buscar una solución a mis problemas de salud, pero incluso en esta etapa, aún seguía confiando principalmente en mis poderes mentales mientras buscaba una realidad espiritual que, al parecer, hasta entonces me eludía.

Aunque siempre había creído en Dios, durante la mayor parte de mi vida no había podido encontrar sentido en las cosas espirituales, de modo que había optado simplemente por dejar de lado el tema. Sabía que algún día tendría que enfrentarme con mi espiritualidad personal, pero no me corría ninguna prisa llegar a ese momento. El cáncer también cambió eso. Todas las evidencias físicas hacían pensar que, estuviera o no dispuesto, bastante pronto me iba a encontrar en presencia de mi creador. Evidentemente, era el momento de ir preparándome.

6

La religión como camino

Querido amigo, querida amiga:

De pequeño, asistí a la escuela dominical e iba a la iglesia con bastante regularidad, pero sin mucho entusiasmo. Aprendí cuáles eran las cosas que «debía» hacer, pero no pude conseguir que formaran parte de mi comportamiento habitual. Como resultado de ello, me sentía fracasado y culpable.

Recuerdo haber rezado pidiendo diversas cosas que no llegaron a pasar. Me sentía incapaz de lograr que la religión funcionara para mí, y en cambio veía que me estaba impidiendo intentar montones de cosas que me atraían. No sentía que me ofreciera ningún beneficio. Finalmente decidí que la religión no era para mí y la rechacé.

Entonces pensaba que la religión y Dios iban juntos. Cuando abandoné la religión, también abandoné a Dios. Dejé de hacer caso de la idea de Dios y de las cuestiones espirituales, y me dediqué a pensar en lo que haría con mi vida y en cómo me las arreglaría.

Mi experiencia con el cáncer me llevó a reconsiderar la religión y a Dios. Llegué a ver que hay una clara diferencia entre los dos. Yo veo a Dios como la fuerza creadora omnipresente en el universo, mientras que la religión refleja diversas interpretaciones de esa fuerza. Aunque estén relacionados, son diferentes.

La religión se convirtió en una parte útil de mi proceso para construir un puente entre mi obsesión por la mente y una verdadera percepción y un auténtico contacto con Dios.

Me había pasado muchísimo tiempo concentrado en los procesos mentales. Durante ese período había leído una gran cantidad de material interesante, había conocido a muchas personas fascinantes y había tenido algunas experiencias que considero bastante notables. Durante un tiempo sentí que iba progresando. Finalmente, me di cuenta de que lo que en realidad hacía era andar en círculo dentro de los límites de mi propia mente. Al explorar mis ideas sobre Dios, me encontré con que estaba limitado por las estructuras de mis antiguas creencias y por mi enfoque de «hágalo usted mismo». Aún seguía intentando contactar con Dios y estar en comunión con él desde un punto de vista independiente.

Estudié a algunas figuras espirituales y varias religiones, pero sin obtener demasiado beneficio de esos esfuerzos. Por entonces no tenía nada claro cómo armonizar mi mente y mis creencias con Dios, la espiritualidad y la religión, y ni siquiera sabía si realmente podía hacerlo. Sin embargo, mi salud seguía deteriorándose y pensaba que probablemente se me estaba acabando el tiempo de que disponía en esta dimensión. Si es que iba a obtener ayuda de la religión, tenía que ser pronto.

A lo largo de este período, me sentí muy confundido respecto del significado de términos como «Dios», «creación», «espíritu», «vida» y otros. Había leído unos cuantos libros que trataban de temas espirituales, pero el significado que daban a estas palabras los diferentes autores no era siempre el mismo. Esto me provocó aún más confusión, porque no podía decidir quién «tenía razón».

A pesar de haber explorado algunas religiones orientales, sabía que mi conocimiento religioso era limitado, pero como parecía que el tiempo se me iba acabando, me sentí forzado a escoger rápidamente una religión y a profundizar en ella. Pensé que lo mejor era que eligiera una religión familiar y concentrara mis energías en ella. Como soy de Gainesville, Florida, y vivo en Chattanooga, Tennessee, me pareció razonable optar por el cristianismo. Además, no podía encontrar a nadie que hubiera llevado una vida más ejemplar que Jesús. Yo necesitaba un modelo, y él era el mejor que pude encontrar. Por otro lado, Cristo era un sanador, y yo necesitaba y quería su ayuda.

Como verá, no estaba rechazando la validez de otras religiones, sino escogiendo la que consideraba más adecuada teniendo en cuenta mi situación mental, social y cultural.

Quedarme con una religión me permitió invertir mi tiempo trabajando para lograr resultados específicos, en vez de emplearlo —cuando, además, no tenía ninguna seguridad de disponer del suficiente— en una larga búsqueda de la religión «verdadera». No puedo hablar más que de los frutos del cristianismo, y no de las muchas alternativas religiosas que existen. Le ruego que observe, sin embargo, que el cristianismo fructificó tan abundantemente en mi vida que no he tenido razón alguna para seguir buscando. Creo que este es un punto clave para sopesar el valor de cualquier religión.

Siento que ser consciente de Dios y contactar o cultivar una relación con él es el propósito u objetivo básico de muchas religiones, cada una de las cuales tiene además su propio contenido distintivo de creencias, deidades, rituales y cosas semejantes. Cada fiel decide incorporar todos, muchos o algunos de esos elementos. En mi opinión, esas cosas sirven para sintonizar la mente con la «longitud de onda» de Dios. Esencialmente, creo que en el nivel mental tomamos decisiones que nos dan el permiso para evolucionar espiritualmente. Esto facilita que uno reciba lo que necesita: comunión, guía, bendiciones, perdón...

Otra manera de considerar la religión es observar que ofrece un camino, o un marco de referencia, para que el espíritu de Dios interactúe espiritual, mental y físicamente con nosotros. A medida que mis creencias cambiaban, mentalmente me fui abriendo más a las posibilidades espirituales. Cuando el 23 de septiembre de 1981 se produjo mi milagrosa curación, experimenté lo que yo llamo un conocimiento consciente del aspecto espiritual de la vida, o Dios, y una interacción con él. Esta vivencia marcó el comienzo de la muerte o declinación de mi obsesión por mi propia mente y el nacimiento de mi fe en las cosas espirituales.

La religión me ayudó a reevaluar y redefinir mi concepto de

Dios, del universo y de la creación. Explorar estos conceptos me llevó a cambiar mi propósito vital y mis creencias.

Muchos piensan que el cristianismo es un conjunto de creencias religiosas formales. Aunque ciertamente incluye un conjunto de creencias, actualmente yo lo considero más bien como una manera de ser y de vivir, definida por una nueva realidad espiritual que me guía desde adentro. De hecho, mis propósitos en la vida ahora los define mi espíritu interior en lugar de mi mente, que participa como receptora y no como creadora de creencias, al contrario que antes. Yo usé la religión como un instrumento para avanzar en mi vida hacia una mayor profundidad espiritual. Durante mucho tiempo, fui más bien un «esperante» que un «creyente». Habría sido mucho más fácil despertarme un día con un conjunto de creencias nuevo, pero en mi caso no fue así. Durante un largo período tuve que hacer un gran esfuerzo de cooperación con lo que yo sentía que era alguna forma de guía espiritual invisible.

En realidad, sentí que el cambio gradual que se produjo en mis creencias estaba orquestado espiritualmente. Sé que no me imaginé ni inventé cosas basadas en mi antigua estructura de creencias. De hecho, las creencias de la persona que yo era antes estaban muy en contra de cualquier tipo de religión. Aun así, repetidas veces me fue dado lo que necesitaba, y con frecuencia sin que, hasta donde yo podía ver, aquello pareciera tener motivo ni razón alguna.

Me he dado cuenta de que la religión continuamente me lleva hacia Dios. Además, mi contacto espiritual se va profundizando y ensanchando a medida que capto más plenamente los dogmas de la religión que he escogido. Mi entendimiento parece crecer a medida que estudio y aplico lo aprendido a mi vida; sin embargo, una de las cosas fundamentales que tengo continuamente presentes es lo poco que sé en relación con la sabiduría de Dios. A medida que voy creciendo en entendimiento, también crece en mi conciencia la importancia de Dios, y la limitadísima naturaleza de los procesos mentales humanos se me hace cada vez más clara con el correr del tiempo. He llegado a la conclusión de que no es necesario que yo entienda plenamente a Dios y sus caminos. Es más, he descubierto que me va mejor en la vida si me dejo guiar por Dios que por las creencias de «Reid». Suya es la orientación que recibo en mis meditaciones después de la lectura de la Biblia, y generalmente se expresa por medio de la vocecilla interior de mi espíritu. En ocasiones, sin embargo, he percibido una voz audible. La orientación que recibo no concuerda con la lógica humana, sino con las enseñanzas recogidas en la Biblia.

Comentarios a las cartas cuarta, quinta y sexta

Veamos primero la idea de que el cáncer tiene poder. Como Reid, muchos pacientes de cáncer asignan una gran importancia al poder de esta enfermedad. Algunos se sienten entonces compelidos a encontrar un tratamiento que les parezca más poderoso que el cáncer; otros renuncian a todo esfuerzo por luchar contra él, considerándolo tan fuerte que, naturalmente, su poder los abrumará.

No pierda de vista el hecho de que, en lo que respecta al cáncer, las creencias culturales predominantes son simplemente incorrectas y no están basadas en hechos. Usted ha aprendido ya que el cáncer está constituido por células débiles, desordenadas y deformes. Si usted reúne todos los esfuerzos que está haciendo por recuperarse y los opone a las células cancerosas que hay en su cuerpo (células que son débiles por naturaleza), podrá ver que el poder del cáncer en realidad es pequeño. Además, si cree que sus familiares y amigos están apoyando sus esfuerzos, y que la fuerza que le creó también los apoya, entonces realmente se ha fortalecido lo suficiente para recuperarse. Recuerde que uno de los principales problemas que se plantean con el cáncer es nuestra forma malsana de afrontar las tensiones de la vida, que son el fruto de creencias también malsanas, creencias que ahora usted puede cambiar.

Incluso en el caso de que usted no esté tratando de influir conscientemente en su salud, si simplemente puede pasar a una posición neutral, en cada momento en que lo logre, ya se estará ayudando. No tiene que hacer ningún esfuerzo titánico para influir de manera positiva en su salud. Da un paso hacia este objetivo cada vez que se relaja, e incluso cada vez que se divierte y se lo pasa bien.

Tenga presente todo esto cuando piense en el poder del cáncer, y hoy mismo, reclame para usted parte de ese poder.

Investigar sus creencias sobre la vida le ayudará a descubrir lo que usted considera que es cierto sobre su enfermedad en un nivel profundo. Sus creencias fundamentales tienen una enorme influencia en todos los aspectos de su vida.

Lo que usted cree sobre la naturaleza de la humanidad, del mundo, del universo y de las fuerzas que lo controlan, son creencias fundamentales. Lo que usted cree sobre todo lo que existe, sobre la forma en que un aspecto de la vida se relaciona con otro, y sobre cómo se relacionan entre sí todos los aspectos, son creencias fundamentales.

No hay un método universalmente aceptado para determinar la verdad o la exactitud de las creencias fundamentales de nadie. Sin embargo, a estas alturas usted ya tiene cierta experiencia en determinar si sus creencias son sanas o no lo son usando el test de las cinco preguntas de Maultsby al que nos referimos en el capítulo 4. (Las cuatro primeras preguntas se aplican a las creencias fundamentales.)

Como muchas personas todavía están tratando de identificar sus creencias fundamentales, me gustaría dar un ejercicio simple para empezar. Deje de leer y pregúntese ahora mismo cómo se siente respecto de su recuperación: *¿Se siente esperanzado o desesperanzado?*

Echemos un vistazo a lo que el sentimiento indica de las creencias. La esperanza refleja la creencia en que pueden sucederle cosas deseables, y en que usted puede influir en su vida; la desesperanza refleja la creencia en que sus deseos son inalcanzables, y en que para usted no hay opciones disponibles. En la desesperanza hay una actitud inconsciente de cerrazón y rigidez; en la esperanza hay apertura y flexibilidad.

¿Puede ver ahora lo que expresa y revela de sus creencias la actitud inconsciente que tiene ante su enfermedad?

Al trabajar con las creencias fundamentales, el problema

central se reduce con frecuencia a «El universo (o Dios), ¿se interesa realmente por mí?». Le sugiero que practique pensando sinceramente que sí. Repítase con frecuencia y regularidad esta afirmación y descubra qué sucede.

Le ruego que se trate con bondad cuando examine sus creencias fundamentales. En realidad, este es un buen momento para empezar a actuar siempre de este modo, en cualquier circunstancia.

Puesto que la espiritualidad, la religión y los milagros son puntos discutibles para muchas personas, creo que es decisivo considerar estos temas en el momento oportuno. Es importante que usted se dé tiempo para avanzar por su propio camino y a su propio ritmo. Como las cuestiones espirituales suelen surgir de forma indirecta y en contextos sorprendentes —por mediación del ejercicio, de la nutrición o de las relaciones, por ejemplo—, me parece improductivo que usted se obligue a estudiarlas si en estos momentos no le interesan. Concéntrese en lo que sea importante para usted; no importa qué.

Y si ya tiene interés por las cuestiones espirituales, le sugiero que las aborde con curiosidad y entusiasmo.

He comprobado que el proceso de curación no se limita exclusivamente a cierto grupo de personas, a determinada manera de pensar o a tal o cual religión. Gente del mundo entero, de las religiones más diversas y con una amplia variedad de creencias y hábitos se han curado milagrosamente, igual que otras personas que, sin practicar religión alguna, son profundamente espirituales, y que otras que no tienen concepto alguno de la espiritualidad.

Las ideas que Reid y yo presentamos aquí no son nuevas. Hace mucho tiempo que están en circulación, y resurgen en el trabajo de una persona tras otra. Si usted se opone firmemente a los estudios religiosos, y sin embargo anhela recibir algún tipo de información espiritual, encontrará una provisión inagotable de material de lectura. (Puede empezar por los libros recomendados al final de este volumen.) Si el enfoque religioso le produce incomodidad, pida orientación a personas que se interesen por los asuntos espirituales pero que no sean religiosas.

Hay muchas otras maneras de estudiar la espiritualidad. Casi cualquier experiencia con la naturaleza es una oportunidad de observar el fluir de la vida y de sentirse parte de él. Vaya de cámping, plante y cuide sus propias plantas, vaya a caminar por el campo, siéntese al aire libre, contemple la puesta de sol desde su ventana...

Dejarse absorber por cualquier actividad creativa puede hacer que sienta una conexión espiritual con su ser más íntimo y con el mundo que le rodea. Escriba, pinte, dibuje, cocine, cante, baile... haga cualquier cosa que estimule en usted una jubilosa creatividad.

Practicar deportes también puede ponerle en contacto con el discurrir de la vida. Es el sentimiento que se tiene cuando uno vive realmente en el presente y hace esa jugada espectacular, y ve que se está moviendo precisamente de la manera adecuada y en el momento preciso. Instantes como éste pueden darle la sensación de que está en armonía con el mundo en su totalidad.

Cualquier experiencia en la que sienta que está en conexión con una fuerza mayor que usted, puede hacerle tomar conciencia del aspecto espiritual de la vida. A medida que vaya teniendo más y más experiencias de éstas, empezará a confiar en esa conexión, y aprenderá a usarla como un recurso para recuperar la salud.

7

La duda como proceso de protección de las viejas creencias

Querido amigo, querida amiga:

Durante un largo período a comienzos de mi experiencia con el cáncer, comprobé que quería creer diversas cosas y me perturbaba mucho la repetida aparición de dudas. Como yo veía en esas dudas recurrentes un estorbo para mi progreso, aquello me resultaba muy frustrante, lo cual a su vez acentuaba el estrés asociado con una situación ya difícil. Innecesario es decir que tenía multitud de dudas con que trabajar.

A su debido tiempo me di cuenta de que dudar no era ni positivo ni negativo, sino un proceso mental normal que desempeñaba —y desempeña— una función muy importante. A medida que me observaba, fui viendo que mis dudas protegían la estructura de creencias que tenía yo entonces. Automáticamente, la mente consideraba válida aquella estructura. En mi opinión, la duda no evalúa las creencias; las protege. Resguarda tanto las creencias sanas como las malsanas.

Cada vez que leía, observaba o experimentaba algo que contradecía una estructura de creencias existente, me aparecían las dudas, en forma de pensamientos que cuestionaban tanto la validez de la creencia existente como la de la nueva interpretación o creencia potencial. Sin embargo, observé que al comienzo del conflicto mis dudas mostraban una acentuada parcialidad en favor de mis creencias existentes. Finalmente me di cuenta de que las dudas eran generadas por el sistema de creencias existente y la parcialidad que éste creaba. Descubrí que tenía una fuerte tendencia a rechazar cualquier cosa que contradijera las creencias que tenía.

Otros pacientes de cáncer me comentaron que tenían tendencias similares. Por ejemplo, un obstáculo que comúnmente hay que superar es la arraigada creencia en la «infalibilidad de los médicos» y en la supuesta capacidad que tienen de predecir cuánto tiempo ha de vivir uno. Yo he comprobado que es imposible que ningún médico prediga con exactitud cuánto he de vivir. En realidad, siempre preferí creer que no era de mis médicos de quienes dependía que yo hubiera de vivir o morir, sino que ese era un asunto entre Dios y yo.

He aquí cuál fue mi manera de usar las estadísticas valiéndome de mi punto de vista de estudiante. Supongamos que un médico dijera: «Nueve de cada diez personas con características como las que vemos ahora en su cuerpo, señor Henson, tienen seis meses de supervivencia o menos». Yo habría organizado mis pensamientos de este modo:

> Los hechos que enuncia el médico son estadísticos, pero yo no soy como la mayoría de la gente. Yo soy yo. Tal vez las otras personas que tuvieron esta enfermedad no quisieran sobrevivir, pero yo sí. Quizás ellas no trabajaron enérgicamente en su bienestar espiritual y mental, y yo sí. Este doctor desconoce la situación espiritual y mental tanto de los que murieron como de los que aún vivimos.

Yo sentía que era productivo prestar atención a lo que tenía que decir el médico sobre mi enfermedad, pero evaluaba su opinión dando por sentado que él tenía un punto de vista limitado. Me parecía que no tenían nada que ver con sus estadísticas mi caso.

El doctor se concentraba en lo que veía en mi cuerpo en el momento en que lo observaba. Respecto de las características que existían antes o que podían existir después de su observación, no podía hacer más que conjeturas. Aunque a menudo esas observaciones son una ayuda, a veces también pueden despistar. El cuerpo es un mecanismo dinámico que cambia constantemente.

> *Muchas veces la curación se produce de una manera que nadie entiende.* La gente, simplemente, se recupera por alguna razón que está más allá del entendimiento humano.

Al buscar métodos de curación alternativos, la cuestión decisiva se centraba, para mí, en el poder de los procedimientos médicos en comparación con el poder de los procesos mentales y espirituales. Una vez más, comprobé que el enfoque de estudiante de la vida era enormemente valioso. Como tal, yo podía sentirme en libertad para examinar ideas nuevas y dejarme guiar por mis dudas. A medida que estudiaba fenómenos como el efecto placebo en la medicina y la influencia de la sugestión hipnótica en el cuerpo humano, y leía estudios de casos donde se hacía referencia a la «voluntad de vivir», fui dudando cada vez menos y sintiéndome más seguro del poder de la mente y del espíritu.

Poca duda cabe, por lo que a mí respecta, de que dudar es una función mental muy valiosa e importante. Si yo no dispusiera de un mecanismo mental que me lleva a dudar, sería susceptible a la influencia de cada idea nueva a la cual me viera expuesto. Mis procesos mentales irían continuamente saltando de una cosa a la otra. No tendría continuidad en mi experiencia vital, y sería incapaz de aprender y retener las cosas de valor. El mecanismo de la duda protege mis decisiones previas referentes a lo que es y no es verdad, y me permite construir sobre la base de lo que he aprendido.

Yo he mantenido muchas creencias que no me ayudaban, porque me parecieron válidas en el momento en que las acepté y las almacené en mi subconsciente. Hasta entonces no había visto necesidad de cambiar tales creencias erróneas, ni siquiera de someterlas a una revisión consciente. El cáncer me dio una razón urgente para observar con considerable atención mi mente y sus contenidos. Vi mis dudas como el fruto del mecanismo protector que resguarda las creencias, y esta nueva perspectiva disminuyó mi nivel de miedo, angustia y frustración a medida que exploraba nuevas posibilidades.

Comentarios a la séptima carta

Tal como dice Reid, la duda puede desempeñar un papel importante, protegiendo sus creencias hasta que usted considere debidamente cualquier posible cambio. También puede ser muy útil para ayudarle a descubrir cuáles son sus creencias.

Haga este sencillo ejercicio: Imagínese que el universo es bueno, que hay una fuerza llena de amor que lo hace funcionar, y que esa fuerza va a ayudarle a recuperarse. Acepte relajadamente este concepto con un sentimiento de esperanza. Observe en qué punto empiezan a surgir las dudas. De este modo experimentará de qué manera Reid usó la duda como un indicador de sus creencias.

Ahora, haga el ejercicio anterior a la inversa: Imagínese que el universo es maligno, que está movido por fuerzas perversas y que esas fuerzas no van a ayudarle. Una vez más, preste atención al momento en que empieza la invasión mental de las dudas.

Ahora, imagínese que una de estas teorías está más cerca de la verdad que la otra. ¿Cuál preferiría creer? Yo diría que le produciría mucha menos tensión creer en un universo bueno, ¿no le parece? Y ahora, observe las emociones que le produce cada una de estas creencias.

Evidentemente, definir el universo no es tan simple, no es blanco o negro. Pero usted no tiene que clasificar todo el universo para poder seguir con su trabajo. Por el momento, procure descubrir sólo una creencia malsana a la cual se esté aferrando, y concéntrese en cambiarla. Cada vez que tenga algún pensamiento proveniente de esa vieja creencia, dígase para sus adentros: «Dudo mucho de eso, porque en realidad creo que (su nueva creencia)».

Usted puede identificar esos pensamientos malsanos si tiene conciencia de las emociones y los sentimientos indeseables que generan.

Cuanto más cuenta se dé de que está dudando de su capacidad de recuperación, o de la posibilidad de que su tratamiento funcione, más consciente podrá volverse de la necesidad de cambiar sus creencias. Recuerde que sus creencias producen sus sentimientos, de manera que sus sentimientos malsanos son indicadores que le señalan las creencias malsanas que usted puede cambiar conscientemente con la práctica.

Recuerde que la forma en que reaccione frente al problema de dudar continuamente puede ser mucho más importante que el hecho de que tenga esas dudas.

8

Un milagro fruto de la revelación y el arrepentimiento

Querido amigo, querida amiga:

Realmente, no puedo explicarle cómo ni por qué algunas personas tienen profundas experiencias espirituales. Es algo que simplemente sucede por alguna razón, como me ha pasado a mí varias veces a lo largo de los años.

Una de esas experiencias que cambiaron mi vida me sucedió el 23 de septiembre de 1981. He aquí lo que ocurrió:

Yo estaba solo en casa, trabajando en un proceso que, según me había sugerido un psicólogo, me ayudaría a resolver algunos problemas de recriminación que me quedaban pendientes con mi padre. De acuerdo con las instrucciones del psicólogo, puse frente a mí una silla vacía y me imaginé a mi padre sentado en ella. Empecé a decirle algo de gran importancia, cuando de pronto se me ocurrió que durante toda mi vida yo había estado muy equivocado pensando que él no me amaba. Empecé a llorar, realmente a sollozar profundamente, con gran remordimiento. Me parecía que había un error en la forma en que Dios había creado la vida en este mundo, y repetía entre sollozos: «¿Por qué tuvieron que ser así las cosas?».

En algún momento entré en un nuevo estado de conciencia que no puedo siquiera describir, y comenzó mi milagrosa experiencia espiritual. No vi una visión ni oí voces. En mi mente aparecieron, sorprendentemente, palabras.

Fueron éstas:

LAS COSAS NO TUVIERON QUE SER ASÍ.

ESA ES LA SENDA QUE TÚ ESCOGISTE.

LAS LÁGRIMAS QUE ESTÁS DERRAMANDO AHORA SON LAS MISMAS QUE YO DERRAMÉ POR TI MIENTRAS SEGUÍAS UNA SENDA ERRÓNEA.

ESTA NO ES LA ÚNICA RELACIÓN QUE HAS ENTENDIDO MAL.

HE ESCUCHADO TU ORACIÓN POR LA SALUD Y EN SU DEBIDO MOMENTO SERÁ RESPONDIDA.

Inmediatamente las dudas empezaron a invadirme. Me pregunté si aquello era un sueño, si la mente me estaba haciendo alguna jugarreta, si era una experiencia verdaderamente real. Y mientras aquellas dudas estaban todavía formándose, las frenaron sin más ni más estas palabras, cuya naturaleza y cuyo poder eran los mismos de las anteriores:

¡ESTO ES REAL!

¡Inmediatamente toda duda desapareció! Supe que aquello era verdad, de una manera como nunca había sabido nada antes. No podía explicarlo, no podía entenderlo, pero no lo necesitaba. Simplemente era verdad.

En aquella época de mi enfermedad, mis recuentos sanguíneos eran muy bajos. Tuve una infección grave y me hospitalizaron. Varios días después vino a verme mi médico y se quedó inmóvil a los pies de mi cama, mirando los gráficos con una expresión hondamente preocupada.

—Doctor, no es necesario que se preocupe por mí —le dije con absoluta confianza—. Voy a recuperarme.

Cuando me miró, su mirada decía: «Si eso es lo que él cree, será mejor que no le diga nada».

—Eso espero —me respondió, y se fue.

Eso sucedía en octubre de 1981. El 9 de enero de 1982, el mismo médico me llamó para darme los resultados de los últimos recuentos sanguíneos.

—Señor Henson —me dijo—, no sé qué es lo que ha estado haciendo, pero espero que me lo diga... ¡su análisis de sangre es mejor que el mío!

Colgué el teléfono y estuve largo rato llorando.

Jamás olvidaré aquella experiencia, el mensaje que recibí el 23 de septiembre de 1981. Es mi recuerdo más preciado. No necesito que me lo explique ningún médico, psicólogo, sacerdote, amigo o extraño. ¡Sé lo que sucedió! ¡Yo estaba allí! ¡Yo mismo lo viví!

Quizás usted no haya tenido aún una experiencia como ésta, pero muchas personas la han tenido. A lo largo de los siglos, mucha gente ha recibido inspiración y esperanza de acontecimientos como éste.

Creo que otros pueden beneficiarse de mi experiencia, y ésta es la razón de que la comparta con usted. ¿Quién sabe cuándo puede sucederle algo notable que cambie su vida? Al igual que el cáncer, tampoco los milagros son siempre algo que les sucede a los demás.

Yo no tenía idea de lo que iba a pasarme el 23 de septiembre de 1981 cuando me desperté. Pero me alegro de haberme negado a darme por vencido en ocasiones anteriores, cuando las cosas se pusieron duras. ¡Imagínese lo que me habría perdido!

Comentarios a la octava carta

Ante todo, vamos a estudiar qué es lo que significa la palabra «milagro». La definición clásica del diccionario de Webster es que un milagro es un suceso o una acción que aparentemente contradice las leyes científicas conocidas, y al que por lo tanto se considera debido a causas sobrenaturales, especialmente a un acto de Dios. Decida usted si la curación de Reid se ajusta o no a esta definición.

Para mí, un milagro depende del punto de vista de cada cual. Una manera de considerarlo es que todo en la vida es un milagro: que exista la Tierra, que nosotros existamos, el nacimiento de un niño o el de un animal. Todas estas cosas son milagrosas porque no podemos explicar por qué suceden; podemos explicar parcialmente el cómo, pero no el porqué.

Algunas personas prefieren irse al otro extremo y decir que nada es un milagro, que todo se puede explicar a través de la inteligencia.

Einstein dijo una vez que lo verdaderamente increíble del universo es que podamos llegar a comprenderlo. Para mí, eso indica que él había tenido vivencias de la interrelación de todas las cosas en el universo. Creo que muchos podemos tener atisbos de esa intuición en lo que se ha dado en llamar «experiencias cumbre»: cuando tenemos la silenciosa convicción de que todo está bien, o cuando sentimos cierta paz mental, o cuando tenemos la sensación de formar parte del fluir de las cosas o de estar en armonía con todo lo que nos rodea.

En mi opinión, estas experiencias son milagrosas, y son de la misma naturaleza que la profunda convicción de Reid de que

Dios se había comunicado con él, y de que sanaría. Para mí, el hecho de que él lo haya entendido así es tan milagroso como la curación física que tuvo lugar después.

Sé que a algunos les llamará la atención que el mensaje de Dios contenga una frase que el propio Reid usa con frecuencia: «en su debido momento». Según mi experiencia, cuando alguien recibe un mensaje proveniente de las fuerzas creadoras del universo, está expresado en un lenguaje que la persona pueda entender, con los términos que sean más significativos para ella, y con palabras que le inspiren las conexiones más poderosas. Si yo recibo un mensaje mientras medito, no es en ruso, sino en inglés. Y eso no significa que Dios hable en inglés, sino solamente que yo lo oigo en inglés, porque esa es mi lengua materna.

Pero supongamos que el mensaje que recibió Reid no era de Dios, sino de su propio subconsciente. Pues bien, ¿qué es el subconsciente? En realidad, nadie lo sabe. Quizá sea el vínculo entre cada ser humano y la fuerza creadora del universo. Entonces, si en realidad era el subconsciente de Reid, ¿qué más da? ¿Qué diferencia habría? Reid tuvo una experiencia en la que se abrió al misterio de la vida, tuvo la sensación de saber, sintió una calma intensa y la seguridad de que todo iba a salir bien. En el nivel más profundo de su ser, el miedo que lo anegaba había desaparecido. En su corazón y en su mente, él sabía que todo iba a salir bien. Con ese conocimiento se produjeron en su cuerpo los cambios fisiológicos adecuados.

Si Reid tuviera una recurrencia u otra enfermedad, eso no negaría nada de lo que le había sucedido hasta ese momento. Sería simplemente otro mensaje, otra lección que aprender.

Creo que Reid recibió una comunicación directa de Dios. Al mismo tiempo, creo que todo forma parte de Dios. Si de alguna manera se pudiera demostrar que el mensaje provenía del subconsciente de Reid, para mí eso no tendría ninguna importancia. Si todo forma parte de Dios, entonces el subconsciente forma parte de Dios. Yo mismo he tenido dos experiencias similares, conozco a muchas personas que también las han tenido y he leído de centenares de casos más. Sé que compartimos con Reid la profundidad de los sentimientos que acompañan a esta vivencia: la profunda sensación de entender la interconexión de todo en el universo y el lugar que ocupamos en él, y la maravilla de la paz y el júbilo.

Pero la experiencia no necesita ser profunda para ser válida. Si en meditación usted hace una pregunta y recibe una respuesta con una auténtica sensación visceral de que es la correcta, se ha conectado con la sabiduría que reside dentro y alrededor de usted, tal como lo hizo Reid. Tenga en cuenta que, como le pasó a él, es probable que dude del mensaje cuando llegue. Pregúntese, como hizo él, si la información es verdadera. Si sabe que sí, entonces actúe en función de ella y establezca un límite de tiempo para dar el primer paso. Honre a su sentimiento tomando decisiones basadas en él. Defina un plan y asuma el compromiso de actuar de acuerdo con la información recibida. Eso le ayudará más adelante si tiene nuevas dudas, como suele suceder, especialmente cuando hay que hacer cambios vitales que pueden ser motivo de molestias o incomodidad para terceros. En ese caso, recurra a su decisión previa en vez de restar importancia a la experiencia. Emprender la acción es muy importante.

Creo que es posible comunicarse con el universo, y que uno puede aprender a hacerlo. Es un proceso activo, que implica abrirse y explorar la imaginación, actuar según nuestro entendimiento actual y mantenernos abiertos a la posibilidad de ir entendiendo cada vez más. Pida más entendimiento. Pida que le sean concedidas experiencias como las de Reid. No insista en un resultado similar; tenga en cambio expectativas positivas de lo que puede ser para usted la respuesta en su peculiar situación, a su propia y personal manera.

9

Cómo encontrar un propósito en la vida

Querido amigo, querida amiga:

Creo que mi progreso hacia la salud se aceleró considerablemente cuando me di cuenta de que mi antiguo propósito para vivir no me funcionaba y escogí uno nuevo.

Durante la mayor parte de mi vida no había podido identificar cuáles eran realmente mis propósitos vitales más importantes. Aunque naturalmente había muchas cosas que quería conseguir, también tenía múltiples contradicciones, y recuerdo haberme sentido frustrado por mi incapacidad para establecer prioridades con claridad.

He oído hablar a otras personas de objetivos personales, pero yo no pude jamás encarar las cosas desde ese ángulo. En aquella época, cuando intentaba pensar en ello, me parecía demasiado complicado. Ahora me parece claro que mi verdadero propósito de entonces era alcanzar lo que algunos llamarían el «éxito». Creo que necesitaba demostrarme a mí mismo y a los demás, logrando ciertas cosas materiales, que era una persona de valía. Quería montones de dinero, un cargo importante en una gran empresa, una hermosa casa, ropa de última moda, un coche de lujo...

Finalmente, conseguí casi todas las cosas materiales que creía que necesitaba. Sin embargo, una vez que las tuve me di cuenta de que tenían muy poco valor real para aumentar mi felicidad. Y la experiencia con el cáncer lo remarcó de forma implacable.

Como punto de partida en la búsqueda de un nuevo propósito vital, decidí que necesitaba una visión más amplia de la vida en general. Quería ver cómo encajaba yo en el esquema global de las cosas, pensando que entonces podría descubrir cuál era mi verdadero propósito. Me puse en el papel de estudiante y me inventé un guión que me permitiera mirar la vida de una manera nueva.

Decidí pensar en Dios como el propietario de este planeta, como una persona adinerada que es dueña de una propiedad muy grande. Por alguna razón, él me invitaba a ser huésped en su finca, y yo aceptaba la invitación aunque no supiera exactamente qué se proponía Dios al invitarme.

Evidentemente, en la finca hay otros huéspedes que parecen estar en una situación bastante parecida a la mía. También son invitados. No han traído nada consigo, y cuando se van no se llevan nada. Algunos se quedan más tiempo que otros.

El dueño de casa ha tomado todas las providencias necesarias para mí y para los otros invitados. Nos da aire para respirar, agua para beber, alimentos para comer, ropa, vivienda y otros invitados como compañía. Es, evidentemente, muy generoso, de manera que teniendo en cuenta su generosidad, parece que lo que corresponde es ser un buen invitado.

También parece obvio que un buen invitado debe, por lo menos, esforzarse por no estropear esta hermosa finca. Yo puedo usarla libremente, pero debería tratar de dejarla tal como la encontré después de haber satisfecho mis necesidades. No debo ser desaprensivo con el uso de los recursos de la finca, ni profanar su belleza natural. En pocas palabras, debo ser considerado con la propiedad del anfitrión.

Además parece adecuado que trate con bondad y consideración a los demás invitados, sin interferir en su comodidad y su disfrute. Ellos tienen con el propietario la misma relación que yo, de modo que sin duda no estoy en situación de decirles lo que tienen que hacer... y esto especialmente en la medida en que yo mismo, realmente, tampoco lo sé. Pero sin duda puedo comportarme de tal manera que no les cause daño ni interfiera en sus actividades.

Decidí que quería conducirme de manera similar a como lo hacía el propio dueño. Él es bondadoso y considerado al ocuparse de mis necesidades y de las de los otros invitados. Y evidentemente nos concede muchísima libertad.

La finca es magnífica por su diseño, enormemente complicado y totalmente interdependiente. Cada aspecto de ella está en recíproca interacción con cada uno de los demás, incluso con los invitados. En su totalidad, parece algo vivo y sensible, que reacciona ante el menor cambio, por más pequeño que sea. Es como si siempre estuviera en acción alguna sabiduría que responde a todo lo que cambia. Además, se diría que prevalece la sabiduría del propietario, ya que la finca se adapta a cada perturbación y busca continuamente el equilibrio, que lleva consigo una total armonía.

Este experimento de mirar la vida sobre la tierra desde un punto de vista nuevo no me ha revelado el propósito de Dios, pero me ha permitido verle —y verme a mí mismo y ver a los demás— de una manera equilibrada y útil. No sólo soy un estudiante de la vida, sino también un invitado que está aquí para servir a los fines de Dios más que a los suyos propios. Y sin embargo, al servir armoniosamente al creador, también se engrandece mi propia experiencia vital.

Al observar cómo funciona mi mente, llegué finalmente a entender que es un mecanismo diseñado para servir a los fines que yo escoja. Una vez que elijo un objetivo, el automatismo de la mente se hace cargo del proceso. Todas sus funciones están, pues, diseñadas para activar o manifestar el propósito escogido. En este aspecto, mi mente es sumamente selectiva. Cuando yo he establecido un propósito, se concentra en las cosas que pueden de una manera u otra contribuir a concretarlo. Mi mente no presta la misma consideración a todos los acontecimientos de mi vida. Considera que unos son más importantes que otros. En realidad, asigna importancia solamente a aquellas cosas que la tienen para un logro de mi propósito. A las demás, las registra y archiva subconscientemente, pero sin prestarles la misma atención consciente.

Por ejemplo, si decidimos ir a Atlanta, la mente excluye automáticamente cualquier información que tenga sobre Nueva York, Chicago, Los Ángeles u otras ciudades. Una vez escogida Atlanta, los demás destinos posibles ya no vienen al caso. La mente no nos presenta más que las preguntas relacionadas con el destino escogido: ¿Cuándo iré? ¿Cómo haré el viaje? ¿En avión o en coche? ¿Dónde me alojaré?

De manera similar, una vez que precisamos un propósito vital, la mente no nos presenta más que la información relacionada con ese propósito. Cuando lo que me proponía era alcanzar el éxito, yo tendía a ver todo lo que sucedía a la luz de ese propósito. Cuando me propuse estar al servicio de Dios y de su creación, empecé a hacer auténticos avances en mi lucha por la salud. Además tuve la impresión de que también en otros ámbitos parecía que mi vida estuviera encaminándose hacia una mayor armonía.

Mi propósito se definió con mayor claridad como resultado de una experiencia que tuve cuando estaba en el hospital, próximo a la muerte. Al mirar retrospectivamente mi vida, tuve la sensación de que literalmente me estaba partiendo en dos: mi parte errónea estaba completamente separada de mi parte íntegra y pura. Se me hizo totalmente evidente que lo que en realidad importa en la vida son las cosas que, movidos por el amor, hacemos desinteresadamente por los demás. Hasta los actos más pequeños, realizados sin egoísmo y por amor, tienen un profundo efecto en el universo, y creo que de alguna manera quedan registrados de forma indeleble en nuestra columna del haber. La importancia de las cosas materiales sólo se da en esta dimensión física. El don más valioso puede ser algo que no nos cueste un céntimo. La clave está en la intención.

Mi percepción del propósito que tengo en la vida aún sigue cambiando, pero en este momento lo defino diciendo que quiero expresar el amor de Dios en cualquier cosa que hago, y que sólo deseo hacer cosas que estén en armonía con Dios y su creación.

Me llevó muchísimo tiempo admitir que era muy importante que escogiera para mi vida un propósito que valiera la pena, y fue realmente una elección que produjo muchas consecuencias.

El momento decisivo llegó, para mí, cuando empecé a pensar en lo que podría estar haciendo con las oportunidades que Dios me daba en esta dimensión. Incluso los cambios pequeños en mi propósito tuvieron profundas ramificaciones a largo plazo. A medida que iba definiendo con mayor claridad mi propósito, empecé a ver y experimentar la vida de otra manera.

Comentarios a la novena carta

En el pasado, Reid se había visto más o menos como el centro de su universo, en donde todas las cosas existían en función de su propósito de alcanzar el éxito. Una vez que empezó a considerarse como un huésped en el planeta, ya no fue el centro del universo, sino sólo una parte de éste. Eso le dio un punto de vista nuevo. Pudo ver cómo sus actividades cotidianas formaban parte de un cuadro más amplio; empezó a entender su propósito personal dentro de un esquema general. Comenzó por el modesto intento de tratar de convertirse en un buen huésped del planeta, y al hacerlo dio el primer paso hacia el descubrimiento de su propósito de estar al servicio de la vida, o de Dios.

Si usted está tratando de descubrir su propósito y siente que se ha perdido en su búsqueda, le sugiero que siga el ejemplo de Reid. Considérese como un invitado aquí, en el planeta. ¿Con qué puede contribuir? ¿Qué talentos o dones especiales tiene? ¿De qué manera los está utilizando para tener una vida feliz y satisfactoria?

Al examinar su propósito, es importante que considere lo que está haciendo por otras personas y cómo afecta esto a lo que hace por usted. Recuerde lo que le pasaba a Reid con la casa de acogida para drogadictos y con su empresa: dedicaba muchísimo tiempo a ayudar a los demás cuando necesitaba concentrarse en sí mismo. Una vez que recuperó la salud, Reid pudo prestar una magnífica ayuda a los demás, compartiendo lo que había aprendido de su experiencia con el cáncer, por ejemplo.

No le estoy diciendo que cuidar de otras personas no pueda, ya desde ahora, formar parte de su propósito en la vida. Si eso le proporciona alegría, adelante. Pero no lo haga en detrimento de su propia salud.

Quizás usted se haya pasado la vida cuidando de otras personas que ahora ya no están con usted: sus hijos, su esposo o esposa o sus padres. Pregúntese si sigue siendo importante para usted desempeñar ese papel, y considere otras maneras posibles de cumplir su propósito. Hay muchas: dedique algún tiempo a trabajar como voluntario o voluntaria en centros de ayuda a gente necesitada; pregunte en su iglesia por alguna persona incapacitada para salir de casa y póngase en contacto con ella, escribiéndole o llamándola por teléfono regularmente; ofrézcase para cuidar a los niños de una vecina; dedique parte de su tiempo libre a colaborar con un grupo ecologista... Hay muchas posibilidades.

Recuerde que su propósito en la vida puede cambiar. Aunque en su momento haya sido ocuparse de los demás, quizás ahora sea conveniente que abandone ese papel y permita que los demás se ocupen de usted.

Si le resulta difícil definir cuál es su propósito en la vida, limítese a definir su propósito para hoy. En este momento, su propósito puede ser descansar un poco, o apoyar su tratamiento con un trabajo de meditación, o escribir una carta a su nieta. Una vez que le resulte fácil concentrarse en un propósito para cada día, vuelva a la definición de su propósito en la vida. ¿De qué manera puede vincular en un propósito mayor otros menores y cotidianos, como descansar un poco o meditar como parte de su tratamiento? Eso quizá podría ser el primer paso para usar su experiencia del cáncer con el fin de alcanzar una nueva apreciación de la vida. ¿De qué manera se vincula con un propósito mayor el hecho de escribir una carta a su nieta? Tal vez se podría ver como el primer paso en la definición de su propósito de transmitir a su familia lo que va aprendiendo, para que así también la vida de sus seres queridos se enriquezca. Estos son sólo unos ejemplos que espero que le ayuden un poco a aclarar y concretar su propósito.

Otra manera de abordar la cuestión es simplemente fijarse en qué es lo que más le interesa o cuáles son sus talentos. Si le gusta cocinar, puede encontrar un propósito en ejercitar esa habilidad. Si es buen carpintero, quizá la carpintería pueda formar parte de su propósito. Si le encantan los ordenadores, ¿por qué no intenta algo por ese lado?

Tómese unos minutos para hacer una lista de las habilidades que tiene y de cómo puede usarlas en su propio beneficio o en el de otras personas. En cualquiera de los dos casos, igual que Reid, se estará poniendo al servicio de la vida. Además, recuerde que puede consultar con su sabiduría interior, que sin duda le ayudará a ver en qué terreno pueden ser más eficaces sus servicios.

10

Cómo reactivar la voluntad de vivir

Querido amigo, querida amiga:

Creo que hay una correlación definida entre mi voluntad de vivir y mi salud. Además, pienso que mis pensamientos y creencias, como también el hecho de que disfrute de la vida, influyen en mi voluntad de vivir. Todo esto se apoya en mis creencias sobre Dios, o quizá surge de ellas, puesto que definen el marco dentro del cual percibo mis experiencias vitales. No es algo que pueda demostrar; simplemente, sé que es verdad en mi caso.

Como tal vez recuerde, antes del diagnóstico de cáncer me acosaron los problemas personales, uno tras otro: la muerte de mi hijo al nacer, el divorcio, la adicción de mi otro hijo a las drogas. Yo no veía salida a estas dificultades, y estaba muy desanimado frente a la vida en general. Cada vez tenía menos confianza en mi capacidad de afrontar y resolver con éxito los difíciles problemas que me acosaban. En mi vida había surgido una sensación de desvalimiento, y con ella, un sentimiento de desesperanza.

Es importante que entienda que yo no deseaba conscientemente morir, por más que mis creencias subconscientes sobre la culpa y el castigo indicaran que no merecía vivir. En realidad, yo pensaba que iba a vivir mucho tiempo. Mi estado físico era excelente, o eso parecía. Hacía ejercicio enérgicamente y con regularidad. No fumaba. En mi vida había algunas alegrías, pero muy pocas. El rasgo preponderante en ella era el trabajo, prácticamente sólo el trabajo. Ahora me doy cuenta de que para mí era un mecanismo de escape. Cuando me llenaba la cabeza de temas relacionados con el trabajo, no tenía que pensar en mis problemas personales.

Entonces tenía muy poca experiencia en enfrentarme a ellos. Generalmente, me limitaba a no hacerles caso. Una mirada retrospectiva me permite ver que tendía a concentrarme en aquellos temas en los que me sentía competente, es decir, los relacionados con los negocios. En aquella época, me parecía muy razonable ir postergando el enfrentamiento con los problemas personales. Sin embargo, a la larga ese planteamiento no me funcionó.

Tengo la impresión de que una profunda insatisfacción con la vida (que suele recibir el nombre de depresión, entre otros) es la causa de que se pongan en funcionamiento algunos «conmutadores» subconscientes que preparan el cuerpo para la muerte, que han de liberarnos de las circunstancias sumamente inquietantes con que nos encontramos en esta dimensión. Mis funciones corporales normales estaban alteradas. Pasado un tiempo se hizo evidente la presencia de cambios importantes, que culminaron con el diagnóstico del cáncer.

Desde mi punto de vista de estudiante de la vida, empecé a observar con despiadada objetividad lo que había sido hasta entonces mi vida. Y pude ver que para mí el cáncer era una bandera roja que indicaba que era imprescindible hacer cambios. Me di cuenta de que una de las cosas positivas de mi enfermedad era que ahora tenía tiempo libre para dedicarlo a cambiar. Y tenía una razón importantísima para empezar a trabajar sin demora en mis problemas personales: me habían dicho que me iba a morir.

En muchos sentidos, veo que el cáncer fue el resultado natural de mis propios propósitos inciertos y del mal entendimiento que tenía yo de la vida. Todo ello, evidentemente, dio origen a problemas que, a su vez, me produjeron un estado constante de estrés y angustia. Mi nuevo enfoque como estudiante de la vida me condujo a ideas nuevas en lo referente a mi propósito vital, y provocó también muchos cambios en mis creencias.

En cierta época encontraba inquietante investigar ideas que me parecían «marginales», ajenas a lo que para mí era familiar. Ahora me doy cuenta de que tenía miedo de enterarme de que algunas de mis creencias eran erróneas. Mi inquietud era comprensible, dadas las ideas que tenía entonces, entre las cuales se contaba la necesidad de tener razón en todo. Sin embargo, como estudiante de la vida podía examinar cómodamente ideas, materiales y dimensiones que nunca me había parado a considerar. A medida que iba adquiriendo más práctica como estudiante, descubrí que ese tipo de examen mental y espiritual era estimulante, placentero y muy valioso.

Al ir progresando en mi papel de estudiante de la vida, muchos de mis errores anteriores se fueran corrigiendo casi sin esfuerzo. Tenía más bien la sensación de desaprender que la de aprender. A medida que iba quitando las sucesivas capas de confusión, se aclaraba y precisaba mi nuevo foco: la necesidad de vivir en armonía con Dios y su creación. Cuanto más aumentaba mi nivel de entendimiento, más sobrecogedoramente hermosa se me mostraba la vida. En cierto momento empecé a tener la vivencia del amor a Dios, a la vida y a mi prójimo. Aunque todavía volvía a deslizarme fácilmente hacia las viejas pautas, el amor me liberó de mi punto de vista mundano y tradicional y me dio una perspectiva totalmente nueva, que aumentó mi alegría y mi esperanza; en proporción directa con todo ello, mi voluntad de vivir se intensificó.

Decidí que independientemente de que mi vida fuera larga o breve, sin duda quería vivir los días que me quedaran de una manera más jubilosa que en el pasado. Mi voluntad de vivir se iba fortaleciendo día tras día. He vivido mucho más tiempo de lo que nadie esperaba, y ahora me siento mejor que nunca.

A medida que mi interés por otros pacientes iba en aumento, decidí comportarme de tal manera que los demás pudieran aprender de mis experiencias. No me consideraba responsable de los demás, sino que veía mi enfermedad como una oportunidad para aprender y, como consecuencia de ello, para convertirme en un ejemplo útil. Esto puede parecer un punto secundario, pero para mí era muy importante. Sin darme cuenta de ello, me asigné a mí mismo una misión que iba más allá de mis propios intereses egoístas. En algunas ocasiones, cuando me sentía abatido, esa misión se convertía en algo especial que mantenía mi fe: un propósito que me trascendía, una razón para continuar. En repetidas ocasiones, eso significó para mí una importante diferencia. Sentía que mi camino había sido demasiado difícil y doloroso para no sacar más partido de él. Me negaba a renunciar, por más desalentadoras que fueran las perspectivas. No sabía cómo, pero sentía que viviría y podría usar lo que hubiera aprendido para ayudar a otras personas. Como consecuencia de estas experiencias, creo que el hecho de tener un propósito saludable en la vida va inexorablemente unido a la voluntad de vivir.

11

La relación mente-cuerpo

Querido amigo, querida amiga:

En nuestra cultura occidental, a los médicos se les enseña a asociar los nombres de las enfermedades con determinados grupos de características físicas. Esto les ayuda a identificar una enfermedad para poder administrar un tratamiento eficaz, basándose en la experiencia adquirida con muchos casos similares. Esto me parece sensato. Yo también, cuando tengo que resolver un problema de trabajo, empiezo por identificarlo y definirlo, para después buscar su origen y así poder encontrar y llevar a la práctica las soluciones más eficaces.

Los médicos me habían dicho con gran sinceridad que no disponían de ninguna solución para mi problema. Yo tenía una serie de síntomas físicos que definían un cáncer específico denominado tricoleucemia o «leucemia de células pilosas», un problema para el cual entonces no se conocía ningún tratamiento eficaz. Es decir, que por lo que se refería a la ciencia médica oficial, la enfermedad era terminal.

Mis médicos prestaron muy poca atención a mi estado mental y ninguna a mi situación espiritual. Ya sé que no es este su papel en nuestra cultura, pero creo que en su análisis de mi enfermedad hicieron caso omiso de una gran parte de lo que constituye el ser humano, y creo además que esto es una grave deficiencia de nuestro sistema sanitario actual.

Como la medicina oficial no me ofrecía esperanza alguna de

recuperación, me pareció muy claro que yo tendría que ir más allá en el proceso de evaluar mi enfermedad, descubrir cuál era su fuente y, después, hacer algo al respecto. Evidentemente tenía miedo de que mis esfuerzos no dieran ningún resultado, pero me parecía que, si quería sobrevivir, no me quedaba otra alternativa que intentarlo. Si no lo hacía, el terrible pronóstico de mi médico terminaría por convertirse en realidad.

Durante esa época, descubrí que era sumamente productivo considerar mis procesos interiores como una red de sistemas físicos, mentales y espirituales recíprocamente dependientes, cada uno con características y funciones distintas. De esta manera pude aislar cada una de las partes para observarla y estudiarla. Poco a poco fue apareciendo una imagen global que aparentemente tenía sentido.

Una de las cosas que descubrí sobre mí mismo fue que cada vez que sentía tensión nerviosa, tenía también activado algún tipo de conflicto interno. En estas ocasiones había una diferencia entre lo que pasaba y lo que yo pensaba que debería pasar. Así, desperdiciaba mucho tiempo pugnando por salir de donde me encontraba en un momento dado para llegar a donde quería estar. Me di cuenta de que eso era una fuente de estrés y de que por lo tanto iba en detrimento de mi salud, y poco a poco fui descubriendo que era más productivo que me colocara en el papel de estudiante de la vida para ver qué podía aprender de cada una de esas experiencias.

Permítame que le dé un ejemplo. Esporádicamente, y durante muchos años, he tenido dolores ciáticos, de modo que inmediatamente percibo cualquier cambio en esa parte de mi cuerpo. Hace varios años, en invierno, estaba disfrutando de una temporada de esquí en Colorado. De pronto me salí de la pista y me encontré en lo alto de una pendiente muy abrupta y difícil de bajar esquiando. Tan pronto como pensé en la posibilidad de caerme y hacerme daño, advertí la tensión, y el consiguiente dolor, en los músculos de la región lumbar. Finalmente, bajé la pendiente esquiando, y cuando llegué abajo, me puse en la cola del telesilla. Mientras estaba ahí de pie, me di cuenta de que la tensión y el dolor habían desaparecido. Para mí, aquello fue una indicación de que hay alguna correlación entre la sensación y los pensamientos de miedo y la tensión neuromuscular.

Mi cuerpo se había encontrado en un estado de desequilibrio químico resultante de mis procesos mentales. Esta adaptación de mi cuerpo parecía normal, teniendo en cuenta las circunstancias tal como las percibía mi mente. Pero yo podría haber cambiado aquellos procesos mentales. Si me hubiera puesto en el papel de estudiante de la vida, podría haber optado por disfrutar de una experiencia de esquí que en sí era difícil teniendo fe en la vida, en Dios y en mí mismo. Era muy probable que descendiera la pendiente sin hacerme daño, pero yo no lo había visto de esa manera. Si lo hubiera visto así, podría haber bajado esquiando sin tensión ni angustia, y disfrutando mucho más de la situación.

Permítame que le dé otro ejemplo, que quizá le parezca más familiar en su condición de paciente de cáncer.

Como en 1979 no había ningún tratamiento eficaz para mi estado físico, los médicos me propusieron que intentara diversos «experimentos». Cierto fármaco que querían que yo probara mataba las células cancerosas, pero también las sanas. Era muy peligroso. Los médicos creían que aquella medicación podía ayudarme, pero admitían también que podía hacerme mucho daño. Yo no podía considerar aquel fármaco como una «ayuda». Lo veía como un puro veneno, y tomar esas píldoras me provocaba mucha tensión. Mi salud seguía empeorando.

Yo sabía que mi actitud no era positiva, así que empecé a trabajar para modificarla mediante autohipnosis, oraciones y otros métodos. Con el tiempo, mi punto de vista sufrió un cambio importante. Finalmente, conseguí prestar más atención a los aspectos positivos del remedio, y pude tomarlo con relativa facilidad. Mi actitud pasó del miedo y los presentimientos fatales a algo entre la neutralidad y una expectativa esperanzada. Supongo que ya se lo imagina: mi estado físico empezó a mejorar. Me quedé asombrado al ver cómo, al parecer, un mínimo cambio en mi punto de vista empezaba a dar resultados notables.

He aquí otro ejemplo. A medida que las cifras de mis recuentos de glóbulos rojos iban descendiendo, cada vez me resultaba más difícil subir las escaleras para ir a mi dormitorio. Inconscientemente, empecé a usar las escaleras como indicador de mi salud. Si me costaba subirlas, pensaba que las cosas empeoraban. Después empecé a tener miedo de subir las escaleras porque no quería recibir la «mala noticia».

Entonces me coloqué en el papel de estudiante. Sobre la base de lo que había aprendido sobre el funcionamiento de mi mente, empecé a experimentar discrepando de esos pensamientos negativos. Al fin y al cabo, yo no tenía ningún dispositivo corporal que me permitiera medir cuál era la dificultad real que me planteaba subir las escaleras. Tal vez la mente estuviera interpretando incorrectamente mis funciones corporales como resultado de algunas creencias subconscientes negativas. Cuando empecé a tomar conciencia de la probabilidad de que yo mismo estuviera socavando deliberadamente mis propias fuerzas con pensamientos negativos, esos pensamientos fueron perdiendo buena parte de su poder. Pronto empezó a parecerme que subir las escaleras no era tan duro, y sí bastante menos deprimente.

Con el tiempo, fue como si algunos de los cambios aparentemente pequeños que introduje en mi manera de pensar me permitieran recibir más profundamente la asistencia y las ideas espirituales. Al unirse, mis aspectos mental y espiritual se fortalecieron, y creo que ambos reforzaron mi bienestar físico de una manera que no llego a entender del todo.

Quiero señalar que hay una diferencia entre los pensamientos mentales y el soporte espiritual. Yo estaba familiarizado con los pensamientos que surgían de mi mente, puesto que durante toda mi vida me había manejado con ellos. Pero la sensación que me daba el aporte espiritual era muy diferente. Ahora creo que es algo profundamente diferente, tanto en su origen como en su contenido.

Para ayudarme a distinguir entre los procesos mentales y los espirituales, empecé a suponer que todas las ideas negativas referentes a mi salud futura provenían de la mente, es decir, de estructuras de creencias erróneas y subconscientes. Con frecuencia, tales pensamientos venían acompañados de un sentimiento de miedo. A medida que cuestionaba estos pensamientos negativos desde mi perspectiva de estudiante, comprobé que su influencia iba disminuyendo con el tiempo.

Yo creía que, al atenuar el efecto de mis consideraciones mentales negativas, aumentaría de alguna manera la probabilidad de que Dios realizara, en su momento, los cambios que yo necesitaba. Dicho de otra manera, que si yo hacía desaparecer el obstáculo de los pensamientos negativos, el amor de Dios llegaría a manifestarse en cambios saludables. Ideas como ésta me proporcionaban consuelo.

He comprobado que habitualmente si observo cualquier cosa que esté haciendo, tengo el poder de escoger el punto de vista que quiero usar en aquel momento. He experimentado una fuerte correlación entre mi perspectiva mental y mi estado físico. Ahora me refiero a esta interacción con el nombre de «adaptación», y la veo como un proceso normal. Al parecer, nuestros aspectos espirituales y mentales están en constante cambio, y las manifestaciones de tales cambios son visibles en nuestro cuerpo; algunos pensamientos, como los de miedo, producen cambios inmediatos, mientras que otros los producen a lo largo de períodos más prolongados. Creo que este es un concepto muy interesante porque, en términos generales, significa que si una disposición mental negativa contribuye a la enfermedad, entonces es probable que si es positiva pueda ser de gran ayuda para la salud.

Comentarios a las cartas décima y undécima

Tal como sucedió con Reid, es frecuente que la amenaza de la muerte haga que la gente empiece a prestar atención a su vida. De ello resultan cambios, a modo de cimientos sobre los que se construye, y los cambios de las creencias fundamentales tienen un profundo efecto en la vida del individuo. Con frecuencia veo a pacientes que salen de la enfermedad con prioridades muy diferentes de las que los llevaron a ella.

Veamos ahora algunas creencias fundamentales saludables que podrían introducir cambios profundos:

- Los seres humanos somos buenos por naturaleza. Yo soy bueno por naturaleza.
- La naturaleza del universo se rige por la bondad, el amor y el orden.
- La fuerza creadora del universo es un amor omnisciente, que nos conoce individualmente, a cada uno, mejor de lo que nosotros nos conocemos, y nos cuida y nos ama más de lo que nosotros nos amamos.
- La vida es una amorosa maestra, y nosotros estamos aquí para aprender quién somos.
- La enfermedad es una reacción negativa que nos devuelve a nuestra propia naturaleza.
- La salud, la felicidad, la alegría, la satisfacción profunda y el amor son reacciones positivas que señalan que avanzamos hacia lo que somos y que estamos conectados con nuestro propósito.

- La muerte es el final de esta existencia, como el nacimiento es su comienzo. Nuestra esencia (o alma, o conciencia) continúa después de la muerte, y esa existencia es deseable.
- Nuestro propio proceso de evolución individual está inscrito en cada uno de nosotros. El deseo, la pasión, la alegría, el amor, la felicidad y la plenitud nos rigen, y las fuerzas que nos crearon nos guían.

Lo que usted crea sobre la vida influye en su voluntad de vivir. Si tiene pensamientos terribles sobre la vida, ¿por qué habría de querer vivir, a no ser para evitar cualquier cosa que le inspire miedo en la muerte? En cambio, si ama la vida y cree que es buena y digna de ser vivida, es natural que quiera vivir. Si tiene creencias saludables sobre la muerte, tendrá menos miedo de morir, y una parte mayor de su energía estará disponible para vivir hoy.

Recuerde que antes del diagnóstico de cáncer a Reid la vida le había parecido una carga: sentía que no había manera de evadirse de todos los problemas que lo acosaban. Pero al afrontarlos, halló la solución a su enfermedad. Encontró que la vida volvía a ser buena y recuperó la salud.

Cuando se estudie, observando sus pensamientos y sentimientos, es importante que use su nueva forma de percibir y entender la vida de tal manera que refuerce su voluntad de vivir:

- Consulte sus objetivos enumerados bajo el título «Juegos» en su plan de dos años para sanar. Esta semana, concéntrese en cumplir esos objetivos o haga la prueba de ir más allá de ellos. Disfrute de su vida y observe, desde el punto de vista del estudiante, de qué manera influye ese placer en su voluntad de vivir.
- Use su diario para tomar nota de sus pensamientos. Anote un problema que haya tenido en su vida que le pareció difícil, pero que finalmente superó, y del cual aprendió. ¿Cómo puede trasladar lo que usted aprendió de aquello a su experiencia de recuperar la salud?

Sanar es un proceso creativo. Sea sensible a sus necesidades, y consciente de sus fuerzas. Improvise y recurra a sus conocimientos y su experiencia a medida que se le vayan presentando situaciones vitales. Si tiene problemas que siente que exceden sus recursos, pida ayuda. Esto es algo en lo que no puedo insistirle bastante. La ayuda está a su alrededor, en su ambiente, por más problemas que tenga con su enfermedad o con su vida. Cuando la necesite, pida ayuda, tanto física como mental y espiritual, y no solamente a profesionales. Recurra a su equipo de apoyo cuando lo necesite. Confíe en su persona de apoyo. Ábrase a todos los recursos que puedan ayudarle en su camino hacia la salud. A medida que tenga más confianza en su capacidad de conseguir ayuda, tanto de sus procesos interiores como de fuentes externas, naturalmente irá sintiéndose menos agobiado (o agobiada), y tendrá más deseos de formar parte de la vida y de las actividades vitales.

Ahora, vamos a ver la relación mente-cuerpo y a trabajar más con este concepto. Es difícil que uno quiera vivir si no cree que puede hacerlo. La fe en que uno puede vivir se refuerza gracias a la convicción de que es posible influir en el propio cuerpo y a la confianza en la capacidad que éste tiene de sanar.

Si me resfrío, el problema no es que algún virus se me metió en el cuerpo, me atacó y derrotó a mi sistema inmunitario. El problema es que yo hice algo para debilitar mi sistema inmunitario, que normalmente se habría ocupado del virus sin que yo llegara a resfriarme. Una mirada retrospectiva me permitirá ver que siempre, antes de coger el resfriado, he estado sometido a un estado excepcional de estrés o he experimentado emociones negativas de una manera extrema durante un período prolongado.

En vez de empeñarse en controlar el cáncer como tal, quiero que intente usted influir en sus síntomas de la misma manera que yo busqué la fuente de mi resfriado. Cada vez que le aparezca un síntoma, mire unos días hacia atrás y pase revista a lo que ha sucedido en esos días. Recuerde cualquier emoción negativa que haya sentido, y anote esta información en su diario. Después de hacer varias veces lo mismo, procure observar cualquier pauta que aparezca. Por ejemplo, ¿encuentra que cuando tiene hora para un tratamiento le aparecen síntomas que le impiden someterse a él como estaba previsto? En ese caso, trabaje con sus creencias y emociones relativas al tratamiento. Emprenda las acciones adecuadas, tales como cambiar sus creencias en un sentido más sano, y hablar de sus reacciones con el médico o con su psicoterapeuta. Así empezará a tratar sus síntomas en su propia fuente.

Recuerde que el cuerpo es un organismo maravilloso que en circunstancias normales se cura solo. Observe qué es lo que hace que representa un obstáculo en su camino hacia la salud, y deje de hacerlo. Puede lograrlo si pasa a un estado emocional neutro. Para conseguirlo, siga practicando con regularidad sus meditaciones.

12

Cómo sanar las relaciones importantes

Querido amigo, querida amiga:

Quiero dejar muy claro que tengo en la mayor consideración la memoria de mi padre, que murió en 1983, a los 86 años. Pero durante los cuarenta y dos primeros años de mi vida, mi relación con mi padre fue lo que yo llamaría, en el mejor de los casos, accidentada.

Si alguna vez me dijo que me amaba, la verdad es que yo no me di cuenta. Que yo recuerde, ni una sola vez me pasó el brazo por los hombros, jamás me abrazó, y sus palabras de aliento o de apoyo fueron poquísimas o inexistentes. Yo sentí que él no me amaba ni me aceptaba. Mi relación con mi madre fue muy diferente. Ella rebosaba de expresiones de amor y de estímulo. No lo digo para indicar que ninguno de los dos fuera mejor que el otro, sino más bien para resaltar las diferencias que yo percibía.

Aunque la relación que tuve con mi padre me perturbó mucho, especialmente en mi juventud, yo sentía que no podía hablar de ello con él. En realidad, me sentía incómodo hablando con él de la mayoría de las cosas. En algún momento decidí simplemente aceptar las cosas tal como eran con mi padre y seguir adelante con mi vida.

Cuando el cáncer irrumpió en ella en 1979, ya me había habituado a no hacer caso de esa relación tan conflictiva. Había vivido unos veinte años lejos del hogar paterno y los viejos sentimientos sólo afloraban en mis pocas frecuentes visitas. Sospecho que lo limitado de los contactos y los años que me pasé sin hacer caso del problema le restaron importancia a mis ojos.

En todo caso, el psicólogo que me atendía no tardó en darse cuenta de que yo tenía desde hacía años un problema de considerable importancia, al que ya no reconocía como tal, y no tardó en llamarme la atención sobre el conflicto entre mi padre y yo. Ni siquiera entonces sentí que aquello tuviera importancia.

Como me había pasado tanto tiempo sin hacer caso alguno de mis pensamientos y sentimientos, necesité hacer un esfuerzo considerable para recordar detalles de nuestra relación. Después de mucho trabajo, terminé por darme cuenta de que mi padre en realidad me quería, pero su manera de demostrarme su amor era satisfaciendo mis necesidades. Me proporcionaba casa, ropa y comida, y de ese modo me demostraba que le importaba de veras. Por alguna razón, yo no había llegado a verlo así hasta el momento de mi enfermedad. Creo que parte del problema se generaba en el hecho de que los padres de mis amigos actuaban de una manera muy diferente. Me imagino que lo que esperaba yo de mi padre no coincidía con su manera de expresar el amor.

Ahora me doy cuenta de que, de igual modo, interpreté mal a mi Padre Celestial, quien, a su manera, se ha ocupado de mis necesidades. Lamentablemente, durante demasiados años esperé que Dios proveyera a mis deseos como y cuando yo quería. Como las cosas no habían salido a mi gusto, sentía que tanto Dios como el mundo estaban en mi contra. Me era imposible ver que Dios se ocupaba muy amorosamente de mí, y lo malinterpretaba, de la misma manera que había interpretado mal a mi padre terrenal. En realidad, el problema residía en mi forma de responder, no en la manera que ellos tenían de atenderme.

Lo que una vez más me impresiona mientras voy escribiendo todo esto es el profundo efecto que tuvo en mi vida un pequeño cambio en mi percepción. Al enfocar un viejo problema desde una perspectiva diferente, descubrí que mi interpretación del presente también cambiaba. Una vez más, pude aliviarme considerablemente del peso con que cargaba desde hacía muchos años:

el de la culpa, la mía y la de los demás. Eso me liberó de mucho sufrimiento y contribuyó a que pudiera gozar de la vida de una forma que nunca había conocido hasta entonces.

Quizá recuerde que apenas unos momentos antes de mi milagrosa curación en 1981, estaba yo haciendo un ejercicio mental para sanar mi relación con mi padre. Tal vez quiera releer los detalles en la carta referente al milagro; quiero subrayar que a veces sentí que realmente necesitaba trabajar en temas a los que en ese momento no adjudicaba importancia. Me había pasado tanto tiempo suprimiendo algunos problemas importantes que mi mente se había habituado a no hacerles caso o restarles importancia. Pero me encontré con que no habían desaparecido, sino que seguían deformando mi percepción de la vida. Mi hábito de pasarlos por alto quizá me haya servido de consuelo en algún momento, pero con el tiempo resultó destructivo.

Ahora creo que el hecho de trabajar con un psicólogo fue de gran ayuda para mí. Muchos psicólogos tienen experiencia en ayudar a la gente a encarar y sanar viejas cicatrices emocionales, un proceso que para mí fue de importancia vital. A pesar de mis dudas iniciales, quería usar todos los recursos disponibles, y la única forma en que podía determinar si un recurso me servía o no era someterlo a una prueba justa. El trabajo que hice con el psicólogo fue muy valioso en muchos sentidos, incluyendo la sanación de mi relación con mi padre... en la tierra y en el cielo.

Comentarios a la duodécima carta

Una relación difícil con el padre, la madre o ambos es una experiencia común entre los pacientes de cáncer, de modo que le animo a que estudie de cerca este problema. El hecho de albergar resentimientos es un problema específico que hay que evaluar y resolver. Usted puede hacerlo, como lo hizo Reid, aunque sus padres hayan muerto. Lo puede hacer aunque no esté en contacto con ellos. Lo que importa es que cambie sus creencias y los sentimientos que crean.

A veces me encuentro con que un paciente se siente tan agraviado que no quiere perdonar a su padre o a su madre. Quizá cree que hacerlo equivaldría a excusar la crueldad o la injusticia que sufrió, pero uno puede reconocer que lo hirieron, y aun así, perdonar. Recuerde que no lo está haciendo por sus padres, sino por usted. Mediante el perdón, se libera del dolor y la cólera que le atan al pasado.

Un buen método para cambiar sus creencias respecto a sus padres es reconocer que todos hacemos lo mejor que podemos con la comprensión y los sentimientos que tenemos en un momento dado. Podemos valernos de este método para perdonar a nuestros padres y a otras personas, y —lo que quizás es más importante— para perdonarnos a nosotros mismos. Cuando nuestros pacientes reconocen que sus padres hicieron lo mejor que podían, se encuentran con frecuencia con que su relación cotidiana con ellos comienza a mejorar. A veces no se dice nada, es decir, no hay ninguna gran reconciliación, pero el cambio de actitud produce un auténtico cambio en la relación.

Pero usted puede perdonar incluso si su relación sigue siendo difícil. Una de nuestras pacientes, con un cáncer de mama avanzado, tenía una mala relación con su madre, una persona muy negativa y muy crítica. Después de que le diagnosticaran el cáncer, su madre la llamaba regularmente llena de ansiedad y tristeza; era obvio que creía que su hija se estaba muriendo. Una vez que ésta reconoció que su madre estaba haciendo lo mejor que podía, dadas sus experiencias vitales y sus creencias, también reconoció que ella tenía derecho a rechazar sus llamadas. Le dijo que ya la llamaría ella si quería hablar, pero que no podía aceptar sus llamadas mientras estuviera realizando su trabajo de curación. Seis años después, se encuentra libre de la enfermedad y nuevamente en comunicación con su madre, pero a partir de una actitud muy diferente.

El resultado del perdón puede ser un impulso hacia la salud, de modo que le animo a hacerlo, aunque sólo sea por esta razón. Sin embargo, creo que se encontrará con que el perdón también tiene efectos insospechados en otros muchos ámbitos de su vida.

13

El trato con la familia y los amigos

Querido amigo, querida amiga:

He llegado a darme cuenta de que una enfermedad que pone en peligro la vida causa una intensa impresión en muchísimas personas. Puede ser una oportunidad para todos los afectados. La mayoría se preguntarán en alguna medida por qué ha sucedido aquello, y cómo reaccionarían si les pasara a ellos. Yo decidí que mi conducta podría ser una inspiración y una orientación para otras personas, aunque para mí fuera una ardua lucha. Finalmente comprendí que me había hecho un valioso regalo: un propósito que iba más allá de mí mismo. Más adelante, pude valerme de este propósito para hacer cosas que no creo que hubiera sido capaz de hacer si sólo hubiera pensado en mí mismo. De este modo, pude mirar hacia atrás en mi experiencia con una comprensión ponderada y serena.

En muchas ocasiones, me habría sido fácil arrojar la toalla y abandonar la lucha. Sin embargo, al pensar en el dolor y las dificultades que ya había superado, así como en las notables vivencias que había tenido a lo largo del camino, simplemente me negaba a abandonar. Tenía la esperanza de que algún día mi viaje llegaría a ser, de alguna manera, un beneficio para otras personas.

A medida que mi enfermedad avanzaba, no tardé en reconocer que había gente que no podía, simplemente, entender mi punto de vista sobre la vida. No se encontraban frente a la muerte, y yo sí. No había manera de que se imaginaran, con un mínimo de precisión siquiera, algo con lo que no habían estado en contacto y a lo que no querían enfrentarse. Más adelante me di cuenta de que la mayoría de esas personas estaban hondamente preocupadas, pero no sabían cómo ayudarme. Sus intenciones eran buenas, pero les faltaba experiencia y habilidad. Además, sus emociones eran tan fuertes que yo solía terminar echando una mano a alguna de aquellas personas que me querían ayudar. No las critico; sólo digo que la mayoría estaban más bien en situación de recibir ayuda que de darla, puesto que jamás habían estado tan cerca de una enfermedad que pone en peligro la vida. Llegué a la conclusión de que lo que más pueden proporcionar amigos y familiares es amor, compañerismo y apoyo. Naturalmente, algunos me ayudaron, además, de otras maneras.

Tuve mucha suerte de que mi familia y mis amigos no me insistieran jamás en que siguiera sus consejos. No me di cuenta de lo importante que era esto hasta que no hablé con otras personas que, mientras luchaban con una enfermedad tan grave como la mía, no tuvieron la misma suerte.

Yo no pretendo saber nada sobre psicología familiar, pero me parece que con frecuencia en las familias hay una persona dominante. A veces es el marido, a veces la mujer, a veces incluso uno de los hijos. Si el enfermo no es el miembro dominante de la familia, a menudo este último tiene tendencia a decirle al enfermo lo que debe hacer. Esto puede ser un enorme obstáculo para su curación. En primer lugar, suele suceder que la persona dominante también esté asustada. Es posible que se sienta responsable del enfermo y que piense que tiene que ser ella quien resuelva el problema, aunque probablemente considere que no puede hacerlo. Al ver acercarse el fracaso y la muerte, una persona dominante puede acentuar aún más esta característica en su intento de detener el avance de la enfermedad.

Según lo que he aprendido conversando con otros pacientes de cáncer, se trata de una situación bastante común. Me parece que es útil que el paciente empiece por aceptar el hecho de que él mismo es la clave que permitirá resolver sus propios problemas de salud, independientemente de quién sea la persona que habitualmente toma las decisiones en la familia. Creo que también es útil que ponga bien en claro que aunque otras personas desempeñarán un papel en su recuperación, es él mismo quien debe hacerse cargo, ya que es el único que sabe lo que le está pasando, tanto en el aspecto espiritual como en el mental y en el físico. En cuanto paciente, quizás usted quiera hacer saber a los demás que les agradece su apoyo y su aliento, pero que sus consejos serán más aceptables si se los presentan como sugerencias o como ideas para que usted las considere. Esto es lo que yo hice, pero usted puede tener otra manera de tratar estos problemas con su familia. Mi objetivo era ayudar a todos los interesados a que entendieran mejor de qué manera podían ser verdaderamente útiles.

14

La familia como sistema de apoyo

Querido amigo, querida amiga:

Una de las cosas que me resultaron más útiles en mi experiencia con el cáncer fue organizar un sistema de apoyo familiar, asignando a los diversos miembros de mi familia un papel que me ayudara a alcanzar mi objetivo: recuperar la salud. Mi experiencia me indica que la diversidad de papeles posibles es amplia, de acuerdo con las circunstancias y las personalidades que intervengan en cada caso. Dése cuenta de que cada persona aportará al papel que usted le pida que represente su propio surtido de creencias, prejuicios, malentendidos, etcétera. Esta asignación de papeles no tiene por qué ser un proceso formal ni requiere descripciones minuciosas de cómo ha de hacerse, pero sin embargo es muy útil mantener una saludable conversación al respecto.

A veces, la enfermedad que pone en peligro la vida es, en sí, un elemento que precipita difíciles problemas entre los miembros de la familia. A algunos, esto puede resultarles tan difícil que durante cierto tiempo los incapacite para desempeñar con eficiencia su función de apoyo. Estas personas necesitan su tiempo para aprender, y les hace falta la comprensión y la compasión de otros miembros de la familia. A otros miembros de la familia les puede resultar difícil desempeñar el papel que se les asigna. Es lo que suele suceder con el miembro dominante, que querría hacerse cargo de todo, pero en realidad no puede porque la situación está fuera de su control.

Es importante que todos los miembros del sistema de apoyo familiar se den cuenta de que sus esfuerzos son más útiles cuando su apoyo se ajusta a las preferencias del enfermo. Seguramente usted querrá pedirle a una determinada persona que se haga cargo del papel de apoyo principal, alguien que pueda tomar las decisiones por usted si llega un momento en que ya no pueda o ya no desee hacerlo. Comprenda que es una responsabilidad muy difícil y que puede generar mucha culpa si los resultados de las decisiones que toma la persona de apoyo no resultan ser los que ella u otros miembros de la familia querían o esperaban. La principal persona de apoyo tiene que estar preparada para esta clase de situaciones y saber que sólo puede hacer aquello que le parezca razonable dadas las circunstancias, y que el resto está en manos de Dios.

Si la persona enferma está casada, es frecuente que la principal persona de apoyo sea su pareja. Si no, puede ser cualquier persona bien dispuesta que el paciente elija. Probablemente será quien pase más tiempo con el enfermo y se comprometa más profundamente con él que cualquier otro miembro del sistema familiar de apoyo.

Es importante que esta persona se dé cuenta de que, por más esfuerzos que haga, ella no puede hacer que el enfermo se recupere. Debido a mi experiencia, siento como un imperativo que el derecho de elegir corresponda claramente al enfermo, mientras pueda ejercerlo. Sé que esto puede ser sumamente difícil si la persona enferma renuncia a su voluntad de vivir. En esas condiciones, creo que los miembros de la familia deben sentirse libres de ofrecerle información, sugerencias y aliento. Pero nadie sabe realmente cuánto es lo que el paciente ha soportado y cuánto está dispuesto a soportar en el futuro.

Yo me he encontrado en varias ocasiones cerca de la muerte, y decididamente no quería que nadie tomara ninguna decisión clave en mi nombre mientras yo fuera capaz de tomarlas solo. Si me llego a encontrar alguna vez incapacitado para tomar mis propias decisiones, agradeceré la ayuda de las personas a quienes se lo he pedido, pero no antes.

De hecho, la vida misma es «terminal» desde un punto de vista físico, pero esta es una verdad que con frecuencia a la gente le resulta difícil aceptar. Sin embargo, es una realidad en nuestro mundo, y todos los miembros de cada familia tienen que enfrentarse, tarde o temprano, con ella.

Creo que es especialmente útil para el enfermo que sus familiares y las demás personas de apoyo puedan considerar su enfermedad como una oportunidad de aprender más sobre la vida y de fortalecer la familia. Creo que un punto clave es darse cuenta de que la familia puede funcionar como un equipo cuando está dispuesta a hacerlo. En realidad, conozco familias que se han fortalecido enormemente al darse cuenta de que ninguno de sus miembros tiene necesidad de afrontar solo las pruebas de la vida. Se puede ver fácilmente que lo que sus familiares hacen ahora por usted lo harán por cada uno de los miembros de la familia cuando sea necesario. Y en ello todos pueden encontrar consuelo y fortaleza.

15

La principal persona de apoyo

Querido amigo, querida amiga:

Al principio de mi enfermedad, no recurrí demasiado a la ayuda de mi familia, y por eso impuse una carga mucho mayor a mi esposa, Jana. Afortunadamente, ella demostró ser una principal persona de apoyo de una fortaleza tremenda. Alguien con menos fuerzas quizá no habría soportado la presión. Por eso le sugiero que eche mano de otros recursos para evitar que sobre una persona en particular recaigan presiones innecesarias.

Muchas veces me vi obligado a delegar cosas en Jana porque me sentía demasiado mal para hacerlas. En otros momentos, quería concentrar todas mis energías en recuperarme, de modo que una vez más ella me resultaba indispensable. En cierto modo, me imagino que el papel de principal persona de apoyo puede ser más difícil que estar enfermo. Yo tenía que afrontar el miedo a la muerte, el dolor del tratamiento, las náuseas y los otros malestares que lo acompañan y muchas cosas más. A veces me parecía que mi única alternativa en aquel momento era abandonar y morirme. Por otra parte, Jana se sentía perfectamente bien, pero tenía que pasarse días enteros en un hospital lleno de personas muy enfermas. Se vio enfrentada con muchos deberes desagradables, entre ellos tomar decisiones que incidían directamente en mi supervivencia. También tuvo que afrontar mucho miedo, ansiedad, incertidumbre, un potencial sentimiento de culpabilidad y mil cosas más. Fue un papel muy difícil de desempeñar, pero ella lo hizo de un modo insuperable.

Mi mujer tendía nítidamente a anteponer mis necesidades a las suyas. Sentía que debía hacer aquel sacrificio para ayudarme a superar un período difícil. Esto parece lógico, pero el problema está en que nadie sabe cuánto pueden durar los períodos de crisis en la enfermedad. Cuando estuve en el hospital en Dallas, sentí varias veces que sus recursos mentales y físicos se estaban agotando, e insistí para que se fuera a Chattanooga, a «recargar la batería» en casa durante una o dos semanas. Nuestro hogar, los amigos, el ambiente familiar, los animales domésticos y todo lo que ello implica le levantaban maravillosamente la moral. Siempre volvía con una visión renovada y mejorada, que hacía más placentera nuestra relación.

Esto me recuerda algo que yo solía decir en mi empresa a los jefes de planta que tendían a trabajar demasiado porque sentían que tenían que hacerlo para desempeñar bien su tarea y para mantener a su familia. Yo les señalaba que si no empezaban por cuidarse, no serían capaces de hacer ni una cosa ni la otra. Algunos pensaban que ocuparse primero de sus propias necesidades era ser egoístas. Sin embargo, si una persona no se ocupa de sus necesidades, seguramente no será capaz de ayudar a otros como es debido durante mucho tiempo. He comprobado que es más probable que una enfermedad grave en la familia aumente las necesidades del cónyuge y no que las reduzca.

Aunque periódicamente yo le recordaba esto a Jana, a veces tenía que insistirle para que se ocupara de sí misma. En realidad, en ocasiones sus esfuerzos resultaban contraproducentes cuando no atendía oportunamente a sus propias necesidades. Su dedicación a mi bienestar era tan intensa que en varias ocasiones tuvo consecuencias negativas para los dos.

Otros miembros del grupo de apoyo también pueden necesitar ayuda. Una enfermedad que pone en peligro la vida es, para cada miembro de la familia, un recordatorio muy visible del hecho de que la vida física en este mundo no se prolonga eternamente. A aquellos que no han llegado antes a admitir su propia mortalidad, esta situación puede resultarles muy difícil. (Parece que, en nuestra sociedad, esto se aplica a la mayoría de las personas.) Algunos comprueban que las emociones se les descontrolan por completo, y pronto empiezan a comportarse de un modo que va en detrimento de los esfuerzos del grupo familiar de apoyo. También en este caso es necesario que se decidan a ayudarse a sí mismos antes de estar en condiciones de contribuir productivamente al bienestar de los demás.

Creo que es importante que esté alerta a estas evoluciones. Una persona de apoyo sana y de fiar puede ser una ventaja enorme, pero una persona de apoyo débil puede sumarse a la carga, ya de por sí pesada, que representa la enfermedad. Sin duda, usted no necesita de nadie que distraiga su atención y consuma su energía. En pocas palabras, dé permiso a sus personas de apoyo para que se ocupen de sus propias necesidades, y si con eso no basta, insístales en que lo hagan para así evitar cualquier potencial drenaje de sus propias fuerzas.

Es cierto que hubo ocasiones en que, simplemente, no me sentía en condiciones de mantener el trato con mi propio sistema de apoyo. Mi mujer lo hacía por mí cuando yo me sentía incapaz o mal dispuesto para hacerlo solo. En algunos casos, opté por pedirle que hiciera cosas que en realidad yo mismo podría haber hecho, cuando sentía que mi energía estaría mejor empleada en actividades relacionadas de manera más directa con mi salud.

Jana perseguía a los dietistas del hospital para asegurarse de que me preparasen las comidas que yo pedía. No dejaba entrar a las enfermeras en mi habitación mientras yo hacía una siesta. Atendía las llamadas telefónicas cuando yo no estaba de ánimo para hacerlo personalmente. Pedía al personal del hospital que nos explicaran las cosas que no entendíamos bien. También me «protegía» de las visitas y establecía para ellas el horario apropiado. Ella se encargaba de informarse bien y de mantener a todo el mundo informado sobre mi estado de salud, los cambios del diagnóstico y mi tratamiento. La lista podría continuar, pero estoy seguro de que usted ya se ha dado cuenta de la importancia y la dificultad del papel que tiene que desempeñar su principal persona de apoyo.

La comunicación es indudablemente uno de los elementos

clave del papel que desempeña la principal persona de apoyo. Para mí era muy útil que Jana estuviera en la habitación todos los días cuando pasaban a verme los médicos. Mi ansiedad era tal que no siempre oía la explicación completa que me daban sobre algo. En aquellas circunstancias, ella era un oyente más eficaz. Además, los dos hablábamos mucho de lo que había dicho el médico, y a menudo ella podía aclararme cosas que a mí se me habían escapado. Era capaz de ir a pedir explicaciones adicionales a las enfermeras y otros miembros del personal. Por otro lado, mantenía a la familia, a los amigos y a mis relaciones comerciales informados de mis progresos. A mí no me parecía productivo estar repitiendo una y otra vez lo mal que me sentía y cuan pesimista era el diagnóstico que me habían dado los médicos. Es cierto que las noticias no siempre eran malas, pero cuando lo eran, indudablemente yo no sentía que me hiciera ningún bien estar hablando todo el rato de ello.

No siempre fue fácil para mí aceptar la ayuda de mi mujer. Yo me sentía un hombre «que se ha hecho a sí mismo», y no estaba acostumbrado a pedirle ayuda a nadie. Es más, sentía que pedir ayuda era un signo de debilidad y de fracaso. Finalmente, mi salud se deterioró hasta el punto de que no me quedó otro remedio que hacerlo. Simplemente, no podía atender yo solo mis necesidades, sin la ayuda de los demás. Y ciertamente facilité las cosas a todo el mundo cuando por fin me decidí a pedir lo que necesitaba, primero a Jana y más adelante a todas las personas que me ofrecían su apoyo.

Comentarios a las cartas decimotercera, decimocuarta y decimoquinta

Uno de los retos más difíciles con el que tuve que enfrentarme en mi vida fue el que se produjo en la época en que mi padre luchaba con una enfermedad grave y me vi obligado a considerar mi trabajo desde el ángulo de un miembro de la familia y una persona de apoyo. Quiero hablarle de esta experiencia; quizá le resulte útil compartir estos comentarios con miembros de su equipo de apoyo para decirles cómo se siente y qué es lo que piensa de los temas que van surgiendo.

Cuando ingresé en la Facultad de Medicina, mi padre estaba muy satisfecho con mi elección profesional. Sin embargo, cuando empecé a hablar de la influencia de la mente en el proceso de curación, tanto él, que era ministro bautista, como el resto de la familia, sintieron que yo me adentraba en el ocultismo y en prácticas paganas, y que mi trabajo era una culminación de estas malas influencias. Todos preferían inequívocamente no hablar para nada del asunto.

Cuando terminé mi residencia, me asignaron a la Base Travis de la Fuerza Aérea, en California, como jefe de Terapia de Radiación. Tan pronto como llegué, recibí una llamada de mi madre: mi padre estaba muy enfermo. Sin haberme registrado siquiera, pedí una baja de urgencia e inmediatamente volví a casa.

Era pasada la medianoche cuando llegué a Hollis, Oklahoma, una pequeña ciudad de unos pocos miles de personas. Llegué a la habitación del hospital de mi padre con el tiempo justo para ver que perdía el conocimiento. No había médico de guardia, y tuve que tomar personalmente las medidas médicas apropiadas, cambiando rápidamente del papel de hijo al de médico.

El diagnóstico era encefalitis, una infección cerebral. A la mañana siguiente tuvimos que trasladarlo al Hospital de la Facultad de Medicina de Oklahoma. Yo conduje el vehículo durante el angustioso viaje de 290 kilómetros. La improvisada ambulancia, en realidad, no era más que un coche familiar reconvertido. Sin salir del coma, mi padre se puso violento durante el viaje. Manoteaba e intentaba arrancarse los tubos. Vi que podía dominarme fácilmente, y mientras me esforzaba por sujetarlo, ambos quedamos cubiertos de sus vómitos y su diarrea. Recé pidiendo guía, porque no sabía qué hacer, y obtuve una respuesta: canta. Canta canciones de cuna, canta himnos religiosos, canta lo que sea. Mientras estaba ahí tendido, con la cabeza sobre el pecho de mi padre, canté y lloré. Los dos nos tranquilizamos.

Cuando finalmente llegamos al hospital, descubrí que la sala de urgencias se encontraba fuera de servicio. El médico de mi padre estaba dando una conferencia en otro sitio. Después de muchas discusiones, la enfermera me ayudó finalmente a encontrar una habitación para mi padre. Intenté conseguir que un médico me ayudara, pero los pocos que había en ese momento no querían arriesgarse a tratar a un paciente de otro médico. Fue una experiencia muy dura, que me dejó con una profunda sensación de rabia y confusión, además de físicamente agotado.

Ese mismo día, más tarde, nos dijeron que mi padre se estaba muriendo. Yo me negué a aceptarlo. Aunque estábamos en otoño de 1971, yo ya me encontraba intensamente comprometido en mi trabajo. El neurólogo nos dijo que, si vivía, quedaría reducido a un estado vegetativo. La fiebre se mantuvo alta durante muchos días y llegó a un máximo de 42 grados.

Llegó un momento en que me sentí fatigado de ser testigo de su lucha y empecé a desear que se muriera, cosa que me hizo sentir muy incómodo y avergonzado. Más tarde me di cuenta de cuántas personas pasan por una experiencia así con un ser querido, por ese desear que finalmente se muera, que esa lucha se acabe.

Mi padre tenía un tubo en la tráquea, estaba conectado a un

pulmón artificial y llevaba nueve días en un coma profundo cuando sucedió algo importante.

La familia se había reunido en su habitación para mirar el partido de Texas contra Oklahoma. Mi padre era un fanático de Oklahoma, cuyos jugadores, los Sooners, no tardaron en ganar, derrotando al equipo de Texas. Al final del partido, papá pronunció sus primeras palabras. La familia reconoció que los Sooners habían contribuido en gran medida a sacarlo del coma.

Lentamente, se recuperó. Tenía deficiencias neurológicas profundas, pero las fue superando una a una; después vinieron los problemas cardíacos. Mientras estaba en la unidad coronaria de cuidados intensivos, uno de los médicos del equipo le comentó que la gente podía influir conscientemente en su ritmo cardíaco. Mi padre estaba conectado con un monitor y empezó a experimentar con diferentes pensamientos. Descubrió que podía provocar cambios espectaculares en su ritmo cardíaco si cambiaba el tema de sus pensamientos. Eso lo entusiasmó, y llamó al personal del hospital para comentarles que ya hacía tiempo que su hijo le había hablado de esos conceptos. Se quedó muy disgustado cuando el equipo médico no quiso saber nada más de mí.

Tan pronto como salió del hospital, mi padre me llamó para contarme lo que había pasado. Además, me preguntó si podía ayudarle a entender mejor la forma de usar la mente para mejorar. Fui a verle en el primer vuelo que pude tomar.

Juntos ideamos un curso de meditación, y yo le preparé una cinta para que recuperase la salud. Su respuesta fue notable; consiguió controlar de forma espectacular la presión sanguínea y dejó de necesitar la medicación para combatir la hipertensión.

Se encontró muy bien durante varios años, hasta que tuvo un ataque cardíaco. Una vez más me pidió que lo ayudara a recuperarse, y yo acepté. Poco tiempo después salió del hospital, tras una recuperación espectacular. No había pasado un año cuando, a los 68 años, compitió en una prueba de rodeo para gente mayor.

Él y mi madre participaron en una de mis primeras sesiones para pacientes, que para mí fue una experiencia interesantísima, pero también un verdadero desafío. Le ayudé a enfrentarse con su presión sanguínea, su enfermedad coronaria y su ataque cardíaco. Le enseñé los elementos básicos de la relación entre mente y cuerpo, y la verdad es que se interesó más en ello de lo que yo jamás me hubiera imaginado.

Después de retirarse, trabajó en una clínica de reposo donde empezó a enseñar meditación. Decía que la meditación lo ponía siempre en el estado de ánimo adecuado para la oración, y usaba juntas meditación y oración. Decía también que la meditación era más poderosa que ningún medicamento que hubiera tomado jamás.

Incluso trabajó con un par de pacientes que fueron enviados a la clínica de reposo con cáncer en etapa terminal, y que mejoraron lo suficiente como para regresar a sus casas. También tenía muchos pacientes para que yo los viera. Cada vez que iba de visita a casa de mis padres, él tenía un grupo de gente reunido en la sala de estar.

Por todo ello, yo sabía que papá tenía muchísima fe en mi trabajo y una gran capacidad para la autocuración. Pero finalmente le diagnosticaron un cáncer.

Antes del diagnóstico, uno de sus nietos, mi sobrino, se había suicidado. Mientras toda la familia estaba de duelo, yo vi a mi padre abandonar la vida como reacción ante aquel suicidio, del cual se echaba la culpa, lo mismo que de tantísimas otras circunstancias de su vida que en realidad estaban fuera de su control. Era triste, pero en su vida había ya demasiada angustia para que él quisiera seguir adelante.

Incluso cuando me llamó para decirme que fuera en su ayuda, algo en su voz me dijo que en realidad no quería que le ayudara a recuperarse. De todas maneras, naturalmente, fui a verle. Sabía que él podía hacer el trabajo si quería, pero pronto vi muy claramente que no haría ni siquiera el más mínimo esfuerzo.

Hicimos una reunión de familia para decidir cómo abordaríamos la situación. Pensamos que lo mejor era tomar la actitud de que nosotros queríamos que él se recuperara, pero que tenía derecho a morir. Apoyaríamos su decisión, fuera cual fuese. En esto estuvimos todos de acuerdo, excepto mi madre, que dijo que no lo apoyaría en la decisión de morir. Estaban casados desde que ella tenía dieciséis años, y aunque él estuviera luchando, por lo menos estaba vivo. Mi madre dijo que prefería tenerlo vivo que muerto, aunque sufriera. Fue una respuesta muy sincera, de modo que —reconociendo sus deseos en su condición de principal persona de apoyo— proseguimos con el intento de hacer que papá viviera.

Pero él no cooperaba. Una de las actividades del programa que él y yo habíamos ideado era que, cuatro días a la semana, por lo menos una vez por día, se vistiera. Antes siempre lo había hecho, pero en esa ocasión durante los tres primeros días del programa no se había vestido ni una sola vez. La idea había sido recompensarlo por algo que ya estaba haciendo, pero no resultó como esperábamos. En otra reunión de familia decidimos confrontarlo con este hecho, y también con la realidad de que se estaba mostrando muy duro con mi hermana mayor, cuya misión consistía en preguntarle todos los días por lo que estaba haciendo. La confrontación fue muy dolorosa y conmovedora. Terminamos hablando de la necesidad de ser más bondadosos entre nosotros, y del hecho de que todos estábamos luchando por lo mismo.

Mi padre dijo que iba a seguir adelante y que reuniría sus fuerzas para intentar realmente recuperarse. Sin embargo, algunos días después, cuando yo ya había regresado a casa, le dijo a mi madre que no podía hacerlo, que tiraba la toalla. Antes nunca le habíamos oído usar esa expresión, aunque en su juventud había sido boxeador.

Tan pronto como lo supe, volví a tomar el avión para verlo. Ahí estaba la persona a quien más amaba, a quien mejor conocía, con quien más experiencia de trabajo tenía, y debía admitir mi impotencia para hacer otra cosa que amarlo. Él no podía decir que quisiera morir, y yo no creo que realmente lo deseara; sólo quería irse del dolor de la vida. Tenía setenta años y creía que ya había vivido bastante.

Le dije que lo amaba e intercambiamos otros mensajes afectuosos. Él me comunicó que no quería seguir viviendo mucho tiempo. Le respondí que entendía que no lo deseara teniendo en cuenta su estado y que también podía comprender que quisiera ir al encuentro de los seres queridos que estaban ya en el otro lado. Me dijo que ojalá pudiera contar con alguna ayuda, que ojalá pudiera trabajar para morir tal como había trabajado para vivir. Le contesté que podía hacerlo, que las mismas técnicas que había utilizado para recuperarse podían servirle para desprenderse de la vida. Se quedó muy quieto y, con curiosidad, me pidió que se lo explicara.

Le dije que podía, simplemente, meditar en su desprendimiento de la vida y en el hecho de ir al encuentro de Dios. Mientras se lo decía, se estiró en la cama y vi aparecer en su rostro una intensa expresión de paz. Nos dimos un beso de despedida, y esa fue la última vez que lo vi. Murió cinco días después de aquella conversación, con gran tranquilidad.

Mi padre había vivido cuando quería vivir, y murió cuando estuvo preparado para ello. Considero que eso es el éxito en este trabajo: ayudar a las personas a recuperarse cuando quieren recuperarse, a morir cuando desean morir, y amarlas y apoyarlas cuando están confundidas y no saben si quieren vivir o morir. Este es un trabajo de amor a la gente, y también de amor a nosotros mismos.

Mi padre fue mi paciente favorito. Lo he amado más de lo que he amado a ninguna otra persona con quien haya tenido ocasión de trabajar. Lo conocí mejor de lo que haya conocido nunca a nadie. Con él supe de primera mano lo que es tener a un miembro de la familia con un diagnóstico de enfermedad grave, y tuve la oportunidad de crecer tanto gracias a su decisión de vivir como por obra de su tácita decisión de morir.

La experiencia de la enfermedad hace aflorar tanto la fortaleza de una familia como también sus puntos débiles. Como mi padre era ministro de la Iglesia protestante, y mi cuñado y yo éramos médicos, mantuvimos abiertas las líneas de comunicación sobre temas que en otras familias pueden resultar difíciles de tratar. Pudimos hablar de nuestras creencias espirituales. Pudimos hablar de la enfermedad y de su tratamiento. Pudimos hablar de la vida y el hecho de vivir, de la muerte y el hecho de morir.

Es muy importante que en momentos como éstos su familia

mantenga abierta la comunicación. Quizá los miembros de su familia a quienes les resulte difícil participar en el sistema de apoyo quieran buscar consejo psicológico, pero no los obligue a hacerlo. Cada uno de sus familiares tiene que enfrentarse a la situación en su momento y a su manera. También ellos necesitan de su comprensión y su paciencia. Tenga la seguridad de que cada uno lo hará todo lo mejor que pueda, de acuerdo con su forma de ser.

Creo que cuanto más abierta está una persona a tener la experiencia de la vida y la muerte de otra, más abierta está a su propia experiencia vital y menos temerosa de su propia muerte.

He aprendido que si me apego a la idea de que una persona se recupere, si pienso que «tiene que» ponerse bien, entonces estoy en un lugar malsano, y además, soy una influencia malsana. Le he dado a esa persona una meta, algo absoluto, en vez de un objetivo o una dirección. La he encarcelado. Si no se recupera, yo habré fracasado, de acuerdo con la meta que le he impuesto.

Es muy importante para quien padece una enfermedad que pone su vida en peligro que su persona de apoyo no le haga algo así. Se le puede decir: «Quiero que te recuperes, que formes parte de mi vida. Deseo que sanes, que seas feliz y que te sientas una persona plenamente realizada. Quiero que podamos envejecer juntos, y que hagamos las cosas que siempre hemos querido hacer». Pero lo importante es no apegarse al resultado.

Si la persona de apoyo se apega al resultado de los esfuerzos del enfermo por recuperarse, le está imponiendo una carga. Es necesario que, por lo menos para sus adentros, añada una reserva: «Pero puedo aceptar que te mueras. No es eso lo que quiero, pero puedo aceptarlo». No es necesario que esto sea comunicado verbalmente, y es más: podría ser totalmente inadecuado que lo hiciera. Es un mensaje interno que se comunica mediante su actitud, y que pone al enfermo en una situación de ganar o ganar. La persona gana si vive, y no fracasa si muere. A veces, este es un trabajo muy difícil para los miembros de un equipo de apoyo, pero es muy importante.

El último punto que quiero destacar es quizás el más importante: La persona de apoyo no puede recuperarse por el enfermo. Lo único que puede hacer es apoyarlo en sus esfuerzos por ponerse bien. Debe dejar que sea el enfermo quien decida lo que ella puede hacer en su apoyo, ser sincera en lo que se refiere a si puede o no asumir el desafío implícito en su papel, mantenerse centrada principalmente en su propia salud y en su propio bienestar mientras abre su sensibilidad a las necesidades del enfermo, para así disponer de la energía necesaria para poder apoyarlo durante el transcurso de la enfermedad.

Si ahora mismo usted se enfrenta con la enfermedad de un familiar, organice una reunión de familia para hablar del papel que le cabrá a cada uno de sus miembros y de la forma en que se habrán de desempeñar estos papeles. A las personas que formen parte del equipo de apoyo puede o no resultarles cómodo mantener estas conversaciones en presencia del paciente. En todo caso, asegúrese de que el enfermo esté al tanto de la reunión y de que se le consulte sobre el papel que quisiera ver representar a cada uno. Sobre todo, no deje de informarle de lo que se haya acordado en la reunión, para que de acuerdo con ello pueda ajustar sus expectativas.

Una estrategia práctica para cualquier miembro del equipo de apoyo es programar una sesión con un terapeuta para hablar de sus sentimientos y de su experiencia. Si ese es su caso, puede ver al mismo terapeuta que atiende al paciente o a uno diferente, pero hágalo con la idea de ocuparse de sus propias necesidades, no de las del enfermo. Quizás éste no sea tan considerado como lo fue Reid. Tal vez no pueda respetar sus necesidades, las de usted, porque en este momento las suyas propias le parecen abrumadoras. Usted debe hacerle saber que también tiene necesidades, y que una de ellas es sentirse libre de tomarse un descanso de su papel de persona de apoyo para dedicarse a su propio cuidado. Transmítale este mensaje tras haberlo considerado y pensado antes a conciencia, si es posible en un momento en que ambos estén tranquilos, y no bajo la tensión impuesta por una crisis, pero asegúrese de plantear lo que realmente quiere.

16

El papel del médico

Querido amigo, querida amiga:

Tengo muchísimas reservas en lo que respecta al sistema sanitario de Estados Unidos. Sin embargo, fue con este sistema con el que tuve que vérmelas cuando me encontraba enfermo. Decidí que podía realizar mejores elecciones desde una posición de paciente informado, y lo que sigue es una parte de lo que aprendí sobre los médicos y el papel que desempeñan dentro del sistema.

Para empezar, muchos médicos dedican hasta catorce años de su vida a obtener la formación que se exige en este país para ejercer la medicina. Por término medio, un médico se gradúa aproximadamente a los 29 años, y entonces comienza su práctica. Con frecuencia, contrae deudas importantes para cubrir los gastos que le impone su educación —muchos médicos terminan la carrera fuertemente endeudados para poder pagar sus estudios en la Facultad de Medicina— y los que le ocasiona el hecho de mudarse a una localidad donde puedan establecerse para ejercer su profesión. Los costes de los seguros contra la probabilidad de ser acusados y procesados por tratamiento erróneo varían, pero para ciertas especialidades pueden llegar a decenas de miles de dólares anuales. Añádase a esto los costes de mantener una consulta (alquiler, salarios del personal y gastos administrativos).

La mayoría de los estudiantes de medicina reciben una rigurosa formación en muchos campos diferentes. La metodología empleada es de naturaleza altamente cuantitativa y científica, y en ella la tecnología desempeña un papel cada vez más evidente. La rapidez del cambio es tal que un médico puede quedarse fácilmente desfasado a menos que dedique muchísimo tiempo a estudiar, y muchos lo hacen. Hoy en día es muy fácil que un médico se quede «tecnológicamente anticuado», y evitarlo impone un esfuerzo y un estrés adicionales a una persona que ya está desempeñando su actividad profesional sometida a intensas presiones.

Más de un médico ha pasado por la Facultad de Medicina con la expectativa o la esperanza de descubrir una cura para alguna enfermedad grave, y ciertamente algunos hacen contribuciones importantes. Sin embargo, son muchos más los que comienzan su práctica y se encuentran con una existencia bastante rutinaria. Las horas se hacen largas, y con frecuencia están llenas de quebraderos de cabeza legales y administrativos. El trabajo no es tan interesante como se podría esperar: la mayoría de los pacientes tienen problemas bastante triviales que no requieren más que un tratamiento de rutina. En realidad, algunos médicos estiman que aproximadamente un setenta por ciento de los pacientes que ven no necesitan sus servicios ni se benefician de ellos. Y con frecuencia, los que sí necesitan ayuda culpan a su médico cuando no puede arreglarles un problema que ellos mismos han estado descuidando durante mucho tiempo. Además, con frecuencia a los pacientes no les interesa colaborar con su médico ni participar en su propio proceso de recuperación.

En vista de todo lo que antecede, no es nada sorprendente el hecho de que muchos médicos no encuentren satisfacción alguna en la práctica de su profesión. Incluso cuando se está trabajando en las mejores condiciones laborales, es frecuente que los médicos tengan una vida familiar difícil debido a las largas horas de trabajo, a las interrupciones telefónicas, las repentinas visitas al hospital, la muerte de pacientes, y la tensión nerviosa que resulta de hacer compatible todo lo anterior con la realidad de tener una pareja e hijos.

Yo sabía que no podía resolver los problemas de nuestro sistema sanitario, pero algo podía hacer. Podía desempeñar mi papel de enfermo con comprensión y compasión, y podía asumir la responsabilidad de contribuir a mi proceso de curación de todas las maneras que fueran apropiadas y necesarias para mi supervivencia. También podía asegurarme de que todos los que participaban en mi tratamiento supieran que yo necesitaba y agradecía sinceramente sus esfuerzos.

17

La relación médico-paciente

Querido amigo, querida amiga:

Creo que para mí fue sumamente útil escoger un médico con la capacidad adecuada y con una visión de las cosas más o menos armónica con la mía, especialmente en lo que se refiere a la conexión entre cuerpo, mente y espíritu. Sin embargo, una vez que lo hube escogido, creo que para mí fue tan importante respetar su opinión como lo fue para él respetar la mía.

Yo no sentía el impulso de decirle a mi médico cómo debía hacer su trabajo. Podía —y así lo hacía— escucharlo respetuosamente, entendiendo que estaba haciendo lo mejor que podía para darme una valiosa información sobre cómo veía la evolución de mis procesos físicos.

He aquí algunos ejemplos específicos de cómo intenté contribuir al mantenimiento de una buena relación con mis médicos:

- Aunque no me privaba de pedirles cualquier información que necesitaba, tampoco les hacía perder el tiempo a sabiendas con preguntas que pudiera contestarme una enfermera o alguien del personal administrativo.
- Era considerado con los sentimientos de mis médicos, y los animaba a hacer lo mejor posible dadas las circunstancias. Les expliqué que yo tenía fe en Dios, que estaba dispuesto a irme cuando él lo dispusiera, y que agradecería los esfuerzos de todos mis médicos fuera cual fuese el

resultado final. Dejé bien claro que ya no me interesaba culpar a los demás. Esperaba así reducir la presión a que se ven sometidos los médicos y que hace que respalden su trabajo con pruebas y análisis innecesarios, que a veces son dolorosos o incómodos.

- Dejé en claro que estaba abierto a intentar tratamientos con métodos, terapias y fármacos alternativos. También les expliqué que yo quería participar en el proceso de toma de decisiones cuando se podía elegir entre diversas opciones. Tuve la impresión de que varios médicos agradecían sinceramente mi disposición a ayudarles a escoger la orientación del tratamiento.
- Demostré interés en mis médicos como personas. Me interesé por su familia, sus intereses, sus aficiones, etcétera, cada vez que me fue posible.
- Les hice modestos regalos y les escribí notas de agradecimiento para hacerles saber que realmente apreciaba los esfuerzos que hacían por mi bien.

Opté por ver a los médicos como personas capacitadas y hábiles que tienen mucha experiencia médica en los aspectos científicos, técnicos y prácticos; por eso son valiosos recursos a cuya asistencia hay que recurrir cuando se trata con el cuerpo humano. Ellos no habían hecho que me pusiera enfermo, y yo no creía que, por sí mismos, pudieran devolverme la salud. Pero sí pensaba que podían ser uno de los diversos canales por cuyo intermedio Dios podía curarme. También podían ofrecerme un alivio adicional mientras tuviera lugar el proceso.

Aunque apreciaba muchísimo las contribuciones de la medicina a mi recuperación, no confiaba exclusivamente en los médicos, ni los veía como la autoridad decisiva en lo tocante a mi salud. Después de todo, ellos se ocupaban del aspecto físico de «Reid», mientras yo me esforzaba también por ocuparme de sus aspectos mental y espiritual, ya que estaba profundamente convencido de que podían significar una diferencia decisiva en mi proceso de curación.

Para mí era una ayuda pensar en el médico como en una

especie de entrenador de fútbol, que desde el banquillo proporcionaba medicinas, tratamiento, orientación, etcétera, pero sin participar personalmente en el juego de la vida que tenía lugar entre Dios y yo. Esta analogía entre el médico y el entrenador me ayudó a reforzar la importancia de mi papel de paciente/participante, y del papel de Dios como la fuente de la curación.

Creo que los médicos facilitan el proceso que lleva al cuerpo humano a sanar, y que este servicio es lo que puede proporcionar el tiempo, la comodidad y la energía necesarias para realizar los cambios físicos, mentales y espirituales que haya que hacer para llevar una vida sana. Esto no significa que los médicos sean infalibles ni que el sistema médico de este país esté exento de problemas.

Antes de mi experiencia con el cáncer yo era bastante lego en cuestiones médicas. Como no había estado realmente enfermo durante mis primeros cuarenta años, pensaba que el sistema sanitario de Estados Unidos disponía de muchos recursos y que podía lograr casi cualquier cosa. Sin embargo, la oferta que me hacía la medicina tradicional era ésta: «No sabemos la causa de la "leucemia de células pilosas", no tenemos ningún tratamiento eficaz para ella y no estamos —ni estaremos de forma inmediata— trabajando para encontrarlo. Es probable que usted se muera dentro de unos pocos años, que se gaste decenas de miles de dólares en tratamientos, se someta a innumerables procedimientos dolorosos, y se sienta incómodo durante gran parte del tiempo. Y para todo esto no hay ninguna alternativa, que nosotros sepamos».

Aquello fue un rudo despertar, pero también confirmó el dicho de que no hay mal que por bien no venga. Me obligó a darme cuenta de que yo tendría que representar un papel clave en la recuperación de mi salud. Con esto no quiero decir que la medicina no me haya beneficiado: sin duda lo ha hecho. He recibido muchos fármacos y me han hecho innumerables transfusiones, operaciones y procedimientos diversos, y todo esto me ha ayudado. Yo creo en la medicina, y creo también que el espíritu, la mente y el cuerpo operan en equipo, tanto para enfermarse como para recuperarse. El papel principal de mi médico fue ocuparse de mi cuerpo físico. Lo demás era cosa mía, de mis personas de apoyo (entre ellas los psicólogos) y de mi Creador.

Lentamente llegué a creer que la sabiduría que mueve al cuerpo humano sabe exactamente qué es lo que está haciendo. El cuerpo es un sistema interdependiente y sumamente organizado. En el caso de ciertos problemas de salud, puede ser necesario mucho tiempo para que aparezcan cambios físicos, independientemente de la rapidez con que uno sienta que deberían producirse estos cambios. He aprendido que los glóbulos rojos viven aproximadamente 120 días. En mi caso, a veces transcurrían meses antes de que los cambios que se estaban produciendo en mi cuerpo (como resultado de cambios mentales y espirituales) se manifestaran en un nivel que los médicos pudieran medir o que yo pudiera percibir.

Me organicé un plan práctico. Decidí que mientras los médicos trabajaban con mi cuerpo, yo trabajaría con mi mente y mi espíritu. Tal vez así los tres —cuerpo, mente y espíritu— mejorarían juntos. Y creo que eso fue lo que sucedió.

18

Convertirse en el administrador de la propia salud

Querido amigo, querida amiga:

Aunque al principio no pensaba de esta manera, ahora me doy cuenta de que me habría ayudado haberme visto a mí mismo, desde el principio de mi experiencia del cáncer, como el «administrador de mi salud». Con los años empecé a considerar el problema desde mi perspectiva de gerente de una empresa. Comencé a verme como el organizador de los recursos de que disponía, con miras a trabajar en el problema que tenía entre manos (mi salud) de la manera más eficaz posible.

Me convertí en el administrador de todos los recursos de que disponía en mi experiencia con el cáncer, y acepté plenamente la responsabilidad de los resultados. Consideraba que, en última instancia, todas las opciones eran mías, incluso las que habían precedido al diagnóstico.

Decidí considerarme como alguien que había contratado a diversos especialistas para que proporcionaran a mi cuerpo los servicios necesarios. Entre estos especialistas se contaban médicos, enfermeras, radiólogos, técnicos de laboratorio, el personal del hospital, dietistas, fisioterapeutas, masajistas y otros profesionales de la salud.

Para que me ayudaran con mis procesos mentales, contraté psicólogos y psiquiatras. Hasta mucho tiempo después de haber recibido el diagnóstico de leucemia no se me ocurrió buscar el apoyo de un psicólogo. Finalmente, cuando lo hice, me resultó muy eficaz, como ya he explicado. Él me presentó puntos de vista, ideas e interrogantes diferentes, que quizá no se me habrían ocurrido jamás por mi cuenta, o que por lo menos no habría descubierto tan pronto de haber trabajado solo. Me sirvió como estímulo y como guía, alentándome a trabajar en problemas personales difíciles y dolorosos de los que yo había estado haciendo caso omiso. Y demostró ser un colaborador experto, imparcial y nada amenazador que para mí fue de gran valor.

También pedí ayuda y orientación espiritual al pastor de mi iglesia, y empecé a confiar más en mi grupo de apoyo inmediato, formado por mi esposa, familiares, amigos íntimos y compañeros de trabajo. Al principio no hablé de mi enfermedad con mis padres, porque no quería agobiarlos, y además no sentía que hubiera nada que ellos pudieran hacer por mí. Más adelante, cuando hablé con mi madre de mi enfermedad y de las razones que había tenido para no decirle nada antes, me contestó que podría haberme ayudado desde el principio con sus oraciones. ¡Ahora coincido de todo corazón con ella! Uno de mis hermanos demostró ser un recurso potencialmente valioso. Se descubrió que sus glóbulos blancos eran casi idénticos a los míos, lo que significaba que era posible hacer transfusiones. Aunque no llegó a ser necesario, era un consuelo y una seguridad saber que me podía proporcionar esa ayuda y que estaba dispuesto a dármela.

Aproveché mis habilidades organizativas para diseñar mi sistema de atención sanitaria de manera muy semejante a como había organizado mi sistema de apoyo familiar. Observe que utilizo la palabra «apoyo», lo que refleja mi creencia en que a nosotros, los pacientes, nos cabe un papel fundamental en nuestra propia recuperación. Por eso siento que lo más productivo es ver a los demás como aliados que nos apoyan o ayudan en el cumplimiento de los propósitos que hemos escogido.

Me di cuenta de que cada persona de mi equipo de atención sanitaria ofrecería sus servicios de acuerdo con su especialidad, su formación, su experiencia y sus creencias. Además, estaba dispuesto a que cada una de ellas me ofreciera estos servicios a su manera. Sin embargo, si encontraba que alguna peculiaridad de alguien se convertía en un obstáculo para la sensatez del tratamiento, reemplazaba a esa persona por alguien que funcionara mejor en mi caso. No le sugiero a nadie que cambie de hospital ni de médico por pura inspiración emocional, pero creo que puede ser útil considerar alternativas y buscar segundas opiniones. He comprobado que la formación, la experiencia y el nivel de capacidad varían considerablemente de un médico a otro. Algunos hospitales utilizan tratamientos más avanzados que otros en determinadas especialidades. Todos no son iguales, y lo mayor no es necesariamente lo mejor. En todo caso, yo decidí ejercitar mi poder de decidir quién y qué formaría parte de mi sistema de atención sanitaria, pero no lo hice hasta que no entendí claramente la situación y no hube examinado posibles alternativas buscando información en las fuentes apropiadas.

Descubrí que así como algunos miembros de la familia no están en situación de ayudar cuando se produce una enfermedad grave, lo mismo sucede con algunos médicos. Quizás eso se deba a su formación, su personalidad, lo limitado de su experiencia, un período de agotamiento físico, nervios alterados o lo que fuere. En todo caso, me di cuenta durante los brotes graves de mi enfermedad de que no podía cambiar ni a los médicos ni a los miembros de mi familia. En cambio, podía optar por administrar mis propios recursos sanitarios de forma productiva en beneficio de mi salud.

Espero que no piense que yo era un paciente difícil. Al fin y al cabo, también comprendí que los miembros de mi equipo de apoyo sanitario no eran los causantes de mi enfermedad, y que estaban tratando de colaborar en mi recuperación. Aunque a veces me sintiera frustrado, me daba cuenta de que con frecuencia la gente no se siente estimulada a trabajar lo mejor que puede por pacientes que no lo agradecen. Yo procuraba comportarme de tal manera que obtuviera de mi equipo de apoyo la mejor respuesta posible en esas circunstancias. Y comprobé que era mucho más ventajoso para mí ser un paciente cooperativo si quería conseguir lo mejor de las personas a quienes pedía ayuda.

Además me di cuenta de que no podía cambiar el sistema médico, ni debía tratar de hacerlo mientras estaba sufriendo una enfermedad que ponía mi vida en peligro. Podía, en cambio, modificar mi interacción con el sistema sanitario y usarlo en mi beneficio, concentrándome en un esfuerzo equilibrado —que conjuntara los elementos físicos, mentales y espirituales— para avanzar hacia la salud.

Comentarios a las cartas decimosexta, decimoséptima y decimoctava

En el trato con los pacientes, creo que tengo más éxito con aquellos que creen en mi capacidad de ayudarles, y que además de confiar en su tratamiento y en su propia capacidad de recuperación, están entusiasmados por el desafío con el que se enfrentan. De los pacientes que acuden al Simonton Cancer Center, la mayoría están dispuestos a dar ese paso extra que se necesita para derrotar a la enfermedad. Algunos, sin embargo, están simplemente desesperados por obtener alguna ayuda, y sus creencias son, en el mejor de los casos, tenues. Otros, a quienes han convencido de que vinieran, acuden buscando fallos en nuestra manera de enfocar el trabajo, para así justificar su creencia: «Ya sabía yo que esto no iba a funcionar». En la mayoría de los casos, ésta es una creencia adquirida, porque —tal como le pasó a Reid— a esos pacientes más de una autoridad médica les ha asegurado que para ellos no hay ayuda posible. En el Simonton Cancer Center estamos acostumbrados al desafío que nos plantean nuestros pacientes, y nos sentimos cómodos trabajando con personas llenas de dudas.

Muchos excelentes médicos comprenden y aprecian efectiva y profundamente los poderes de curación de los propios pacientes. Tenga siempre presente que su médico se formó en las creencias que predominan entre la profesión médica. Es posible que sea un excelente técnico, pero eso no le da habilidades de sanador. Estoy convencido de que muchos médicos se acercaron a su profesión como sanadores naturales, y como en la facultad de medicina se prescinde absolutamente de ello, después deben reavivar esta capacidad natural suya. Si usted puede aprender a ver la actitud negativa de su médico como un producto de sus creencias, en vez de dejarse abrumar por su autoridad y de aceptar tales creencias como verdad, puede evaluar la atención que recibe de un modo mucho más objetivo. Esto es especialmente importante cuando parece que su médico no tiene consideración alguna por su actitud hacia la curación y le contagia la creencia de que usted no tiene la menor probabilidad de recuperarse.

En la medicina tradicional china, al médico no se le pagaba si el paciente enfermaba. Me gusta el sistema. Proporcionaba al médico un interés creado que hoy en día no siempre se ve: el de mantener la salud del paciente. Aunque en Estados Unidos va en aumento el interés por la medicina preventiva, todavía se sigue poniendo más el acento en tratar a los enfermos que en prevenir la enfermedad.

Según un informe publicado en la revista médica *Annals of the New York Academy of Science,* la curación es más probable cuando el paciente cree en el sanador y cuando éste cree en sus propios métodos. Evalúe en estos términos la relación que tiene con su médico. ¿Qué cree usted que es la verdad para él? ¿Qué indicios tiene de que su médico cree en los métodos terapéuticos que usa?

Otra manera de evaluar su relación con su médico es considerar hasta qué punto es buena la comunicación recíproca. Tal como dice Reid, las conversaciones con los médicos se ven nubladas por las emociones del paciente, en especial por el miedo, y también por la jerga técnica que utilizan los profesionales de la medicina para describir procedimientos y tratamientos. Para tener una imagen más clara de su nivel de comunicación actual, haga una lista de sus creencias sobre su médico y sobre el tratamiento que usted sigue. Evalúe hasta qué punto son saludables estas creencias. Mantenga las sanas y cambie las malsanas, usando las técnicas que ya ha aprendido. Esto le producirá emociones saludables que a su vez movilizarán los sistemas de curación de su cuerpo hacia la salud. Cuando esté meditando, pregunte simplemente a su sabiduría interior qué información le ayudaría a confiar más en su médico y en su tratamiento. Y no se olvide de equilibrar este trabajo con otro que le refuerze la confianza en su propio cuerpo y en sus recursos y procesos.

A estas alturas la respuesta a la pregunta: «¿Quién es el responsable del cuidado físico de su cuerpo, usted mismo o el doctor?», ya debería estar clarísima. La respuesta, naturalmente, es «ambos». Su médico es el responsable de la determinación del diagnóstico y de la manera en que se lo presenta a usted. Esta responsabilidad incluye aconsejarle sobre las opciones terapéuticas posibles y poner a su alcance las mejores de que se pueda disponer.

Usted es el responsable de decidir el tratamiento y de cooperar con él y con su equipo de atención sanitaria. También es el responsable de sus propias creencias y de las emociones que de ellas resultan, que tendrán un importante efecto en la forma en que usted responda al diagnóstico y al tratamiento.

Según mi experiencia, los pacientes se benefician más de lo que aprenden por sí solos que del hecho de leer u oír información procedente de otras fuentes (aunque también esto sea importante). Yo sé, en el nivel más profundo de mi conciencia, que dentro de cada uno de nosotros reside la sabiduría interior que es la fuente de toda curación. Durante la semana que pasan con nosotros en el Simonton Cancer Center, intentamos guiar a los pacientes hacia la vivencia de esta sabiduría interior. Creemos que con ayuda de esta experiencia y de todos los demás recursos que adquieren, en casa empezarán a fortalecer la confianza en su propia capacidad de sanar. Espero que este libro pueda ayudarle a usted a hacer lo mismo.

Creo que un sanador hábil y capacitado —médico, consejero, sacerdote, chamán, médico brujo o simplemente un amigo o familiar, o cualquier combinación posible de ellos— es alguien que le ayuda a uno a expandir su imaginación en la dirección de la esperanza, la armonía y la salud. Cuando uno está cerca de una persona así, se siente bien, cómodo, seguro y protegido. Cuando está con alguien que le moviliza la imaginación en direcciones malsanas, se siente mal: confundido, desesperanzado, deprimido o temeroso.

Si usted cree que no puede enfrentarse con el dolor de un tratamiento determinado, dígalo abiertamente. De nada sirve sufrir en silencio, cuando quizá su médico puede ofrecerle un tratamiento alternativo. Elija lo mejor que esté a su alcance. Comprenda que está haciendo por su cuerpo lo mejor que puede. Probablemente un psicoterapeuta podrá ayudarle a aclarar las creencias que usted tiene sobre su tratamiento y —mediante ejercicios de visualización— darle la posibilidad de colaborar con él. También puede ser que usted quiera hablar con otros pacientes de cáncer que se hayan sometido con éxito al mismo tratamiento. ¿Qué fue lo que les permitió afrontar y superar la situación? Recuerde siempre que su sabiduría interior sabe cuál es, para usted, la mejor manera de recuperarse. Utilice con regularidad este recurso.

Cuando esté sometiéndose a cualquier tratamiento médico, respételo y respete sus efectos. La quimioterapia y la radioterapia pueden disminuir la energía, de modo que tómese tiempo para descansar. Delegue sus tareas cotidianas y pida toda la ayuda que necesite. Es más: utilice los períodos de tratamiento como oportunidades de aprender, también en otras ocasiones, a pedir lo que quiere.

A medida que siga familiarizándose con su cuerpo y adquiera mayor habilidad para influir en él de manera positiva, puede ir asumiendo poco a poco más responsabilidades por su curación. Cuando sienta que así sucede, preséntese al nuevo administrador sanitario de su vida... Usted.

19

La respuesta ante la recurrencia

Querido amigo, querida amiga:

Después de la milagrosa recuperación que experimenté en el otoño de 1981, durante bastante tiempo me sentí muy bien. Estaba más fuerte que nunca y tenía una vida espiritual maravillosa y llena de júbilo. Antes había disfrutado de períodos de felicidad en mi vida, pero jamás había sentido nada semejante al júbilo que experimenté durante esos años. Me sentía muy próximo a Dios y sumergido en un sentimiento de paz y bienestar.

Empecé a tener un profundo deseo de compartir con otros mi recuperación milagrosa. En cierto momento me apeteció escribir una serie de cartas que explicaran mi experiencia. Empecé a hacerlo en 1982, pero después de un reducido número de cartas fue como si la información que me quedaba por compartir no fluyera con la misma abundancia.

Finalmente comprendí por qué se habían interrumpido así mis escritos. Por alguna razón, yo había empezado a creer que había descubierto una combinación de ingredientes que eran «la causa» de que hubiera ocurrido el milagro. Después de todo, me había pasado innumerables horas estudiando hipnosis, meditación, nutrición, ejercicio, suplementos alimentarios, fisiología, psicología, filosofía, religión y muchos otros temas. Estaba seguro de que algún proceso mental específico desencadenaba la sanación espiritual y de que yo lo había encontrado, aunque no sabía con certeza cuál era la combinación exacta de cosas que había hecho.

Observe que estaba poniendo el acento en lo que «yo» había hecho para causar este milagro. Al recordarlo, me parece absolutamente ridículo que llegara a semejante conclusión. Ahora creo que la corriente de información para las cartas se detuvo porque de no haber sido así, lo que hubiera comunicado habría sido malsano. En aquel momento no me di cuenta. Simplemente, pensé que ya no podía escribir nada que realmente tuviera sentido, que ya no tenía nada más que decir.

Al cortarse mi posibilidad de escribir, entendí claramente que no había aprendido algunas de mis «lecciones de cáncer», presentí que volvería a tenerlo, y sabía por qué: para permitirme aprender lo que no había conseguido aprender antes.

Algún tiempo después sentí que en mi cuerpo pasaba «algo» y consulté al médico, quien me confirmó que la leucemia había regresado.

Quisiera que se entienda que de ninguna manera estoy dando a entender que todo el mundo necesite del cáncer para aprender las lecciones de la vida. Sin embargo, en mi caso necesitaba algo que me despertara, y eso fue lo que volvió a hacer el cáncer.

En esta segunda experiencia, mi actitud fue más bien práctica, porque veía el episodio como un proceso de aprendizaje. Mi parte espiritual me había dicho de antemano que se trataba de eso. La recurrencia no fue inesperada. Yo no sabía qué era lo que necesitaba aprender, pero sabía que el propósito de esa recurrencia era didáctico, tal como lo había sido la primera aparición del cáncer.

No quiero dar a entender que no tuviera miedo. Como ya una vez había sanado milagrosamente, sabía que Dios estaba de mi parte, aunque no supiera por qué. Estaba realmente convencido de que volvería a ponerme bien, aunque no supiera cómo ni cuándo. Por consiguiente, el miedo se relacionaba en su mayor parte con el dolor y la incomodidad relacionados con las visitas al hospital y con los tratamientos. Naturalmente luché con ciertas dudas sobre mi definitiva recuperación. En realidad, dudaba mucho de mi capacidad, ya que había fracasado de forma tan evidente en el aprendizaje de lo que necesitaba saber a partir de mi primera experiencia. Tenía miedo de que Dios se cansara de perder el tiempo con un estudiante tan torpe.

Durante este período me sentí muy mal. Esta vez fui a un hospital diferente, donde las enfermeras, que estaban especializadas en el trabajo con pacientes de cáncer, comentaban que nunca habían visto a nadie con recuentos sanguíneos tan bajos como los míos. Algunas vinieron de otras plantas simplemente para ver cómo era yo. Jana me dijo más adelante que estaban asombradas ante mi actitud positiva. Más sorprendidas aún parecieron cuando me levanté de la cama y empecé a caminar por el pasillo para hacer ejercicio. Evidentemente no caminaba mucho ni con rapidez, pero incluso que estuviera sentado en la cama les resultaba muy inesperado, dadas las circunstancias.

Contraje toda clase de infecciones, a veces dos o tres a la vez. Recibí por vía endovenosa una serie impresionante de poderosos fármacos. Las infecciones desaparecían, los médicos me retiraban la medicación, y yo volvía a contraer las mismas infecciones u otras más rebeldes aún.

Entonces, un día tuve otra experiencia espiritual. Me había pasado muchos días estudiando lo que dice la Biblia sobre la fe, y como resultado había percibido un verdadero reforzamiento de la mía. En un estado irreal, como en un sueño, algo me dijo que en diciembre estaría bien. Esto sucedió a comienzos de noviembre, si no recuerdo mal. Entendí que el mensaje quería decir que mi cuerpo empezaría a producir glóbulos sanos el día uno de diciembre, lo cual significaba que poco después empezaría a sentirme mejor, y que en abril mis análisis de sangre serían normales. (Como ya he dicho, los glóbulos rojos viven aproximadamente 120 días.) Eso fue exactamente lo que sucedió. Las cifras de mis recuentos sanguíneos eran básicamente normales hacia comienzos de abril.

Durante todo aquel episodio de cáncer me estuvieron administrando un «fármaco milagroso». Estuve a punto de morir mientras lo tomaba. También me puse bien mientras lo tomaba. Pero observe que recobré la salud exactamente de acuerdo con el mensaje espiritual que recibí. Supongo que los medicamentos y los tratamientos con ellos relacionados contribuyeron de diversas maneras, pero en lo que a mí respecta, creo que mi curación llegó por la vía espiritual. Le ruego que tenga en cuenta que esta experiencia —la recurrencia, el mensaje y el retorno a la salud— la viví yo solo, y que la estoy describiendo lo mejor que puedo.

Concretamente, esta recurrencia del cáncer fue para mí una importante experiencia de aprendizaje. Empecé esta carta diciendo que me había concentrado en lo que «yo» había hecho para recuperarme, pero en realidad *debería haberme concentrado en lo que Dios había hecho por mí*. Ahora considero a la mente como una especie de molde o matriz que contiene creencias capaces de favorecer, bloquear o deformar el fluir de la fuerza creativa que Dios genera y que nos envía a todos nosotros. He comprendido que la mejor forma en que yo puedo ser útil es concentrarme en lo que Dios puede hacer por mi intermedio en lugar de concentrarme en lo que yo puedo hacer por intermedio de Dios. Una vez más, veo que la respuesta que escogí es más poderosa que el problema mismo.

Comentarios a la decimonovena carta

En mi opinión, la mejor manera de tratar la recurrencia es no darle más importancia de la que tiene. Si bien todos los pacientes quieren encontrar un tratamiento —sea o no tradicional— que actúe de forma inmediata y permanente, no siempre se dan así las cosas. La recuperación de cualquier enfermedad exige una evaluación continua de lo que va sucediendo, y eso incluye a menudo ocasiones en que las cosas no van tan bien como era de esperar, lo cual no significa que la recuperación no sea posible, sino que en el camino que conduce a ella habrá probablemente algunos altibajos. Contar con las reservas necesarias para hacerles frente es uno de los aspectos más difíciles del proceso de recuperación, durante el cual es vital contar con el apoyo necesario.

Le ruego que no se tome el diagnóstico de recurrencia como una sentencia de muerte. Procure concederse algún tiempo para asimilar el golpe emocional y después, tal como lo hizo antes, válgase de la meditación para preguntar cuál es el mensaje de la recurrencia y para actuar de acuerdo con él. Reconozca que usted ha hecho lo mejor que podía con la información con que contaba en aquel momento.

La recurrencia es una posibilidad para cualquier paciente de cáncer, y es necesario que usted se sienta libre de tratar de este tema en vez de hacerlo de lado. Si en este momento no puede hablar de sus miedos con respecto a una posible recurrencia, busque la ayuda de un profesional capacitado, que le podrá escuchar y orientar. Tranquilícese: hablar de su miedo a la recurrencia no la provocará, sino que le ayudará, en cambio, a aligerar el peso de sus emociones negativas y a cultivar creencias más saludables sobre la recurrencia. Así se puede restar importancia a este fenómeno, se produzca o no.

Si efectivamente usted se encuentra ante una recurrencia, considérela de la misma manera que durante todo este tiempo ha considerado su salud. Úsela como una llamada de atención. Quizás usted tenga conflictos no resueltos que han aflorado en demanda de solución. Tal vez siga todavía satisfaciendo sus necesidades por mediación de la enfermedad, sin haber encontrado ninguna otra manera de ocuparse de ellas. Quizá le abrume la gran cantidad de cambios que lleva hechos y necesite disminuir la velocidad. O puede ser que haya dejado de hacer alguna de las cosas que iban teniendo una influencia positiva en su salud. Pregúntese sobre estas cosas en meditación. Vuelva a evaluar su plan de dos años para sanar. Quizá necesite insistir más en realizar el trabajo planeado, o introducir algunos cambios en su plan.

Este puede ser también el momento de reforzar su sistema de apoyo y de confiar en él más de lo que lo ha hecho hasta ahora. Déjese ayudar por los demás tanto como sea razonable, de modo que pueda concentrarse en cuidarse.

Con ocasión de su recurrencia, Reid volvió a considerar su definición del cáncer, en un intento de explicarse por qué había vuelto a manifestarse. Como durante su primera experiencia ya había enmarcado el cáncer dentro de una definición positiva y saludable de la vida, cuando se volvió a producir le inspiró menos miedo.

Reid definió el cáncer como un bloqueo del caudal espiritual. Tal vez a usted no le sirva esta definición, pero a él le aportó una especie de visión interior de lo que podía hacer con su enfermedad: necesitaba hacer desaparecer los bloqueos que impedían la acción del espíritu en su vida.

Mi propia traducción del concepto de Reid es expresarlo como un bloqueo en nuestra manera de entender nuestra relación con nosotros mismos, con el planeta y con todo lo que existe. Ciertas creencias pueden interferir en esa relación, en tanto que otras pueden favorecerla, volviéndola fuerte y armoniosa.

También podemos relacionar el concepto de Reid con la

definición de cáncer que di anteriormente. *Una parte de la experiencia del cáncer es el intento de ser quien no se es*, una actitud que se podría explicar como un estar fuera del caudal natural del universo o un encontrarse bloqueado y separado de la corriente de energía que mantiene en movimiento al universo. *Sanar del cáncer implica llegar a ser quien se es*, lo que significa levantar los bloqueos y formar parte del fluir del universo, estando más en armonía con nuestra auténtica naturaleza.

Creo que la definición de Reid es parecida a la mía, lo mismo dicho de dos maneras diferentes. Esto no significa que tengamos razón, sino sólo que compartimos creencias similares.

Si usted está pasando por una recurrencia, vuelva a pensar un poco en su propia definición del cáncer. ¿Qué indicios da sobre sus creencias? ¿De qué manera le permite —o no— actuar sobre su cáncer? Si su definición no es saludable ni le sirve de ayuda, trabaje con la de Reid o con la mía como punto de partida para una nueva definición propia. Cuando medite, profundice en lo que usted cree que es el principal obstáculo que le impide sanar y pregunte a su sabiduría interior cómo puede usar ese mismo obstáculo para aprender.

Si está reaccionando ante la recurrencia con un sentimiento de fracaso o de culpabilidad, repítase esta creencia: «Siempre hago lo mejor que puedo con la información y el entendimiento que tengo en ese momento». Sea amable con usted y pida ayuda. Es raro que la gente con quien trabajo experimente sentimientos de culpa o de fracaso durante más de unos pocos días. Recuerde que nuestras creencias y actitudes son lo que crea esos sentimientos, de modo que el trabajo consiste en cambiar las creencias malsanas por otras saludables.

20

Lo que he aprendido

Querido amigo, querida amiga:

Como usted recordará, en 1979, al comienzo de mi experiencia con el cáncer, mis ideas sobre Dios y su creación eran algo confusas y desorganizadas. Las cosas han cambiado. Ahora tengo algunos puntos de vista bastante definidos. Espero que el siguiente resumen le resulte útil. Si resume de manera similar sus propias ideas, y las revisa y actualiza de cuando en cuando, es probable que eso también le sirva de ayuda.

- La creación de Dios existe para servir a sus propósitos, no a los míos.
- Yo formo parte de la creación de Dios; él no forma parte de la mía.
- La creación de Dios es algo vivo, interactivo, interdependiente y en continuo proceso.
- No tengo conciencia de la totalidad de la creación de Dios.
- Cada aspecto de la creación de Dios tiene una función particular que es necesaria y que se relaciona, de una manera u otra, con el funcionamiento del universo en su totalidad.
- La creación de Dios está siempre en movimiento hacia un equilibrio espiritual. Cada acción inicia una reacción; un movimiento que se aparta del equilibrio inicia un movimiento opuesto que tiende a restablecerlo.

- Los estímulos aislados no existen. Cada pensamiento, palabra o acción de cualquier aspecto de la creación inicia una reacción. Sin embargo, nosotros no podemos tener conciencia de tales realidades a medida que se producen.
- No existe nada a lo que se pueda llamar «independencia» de Dios. Nosotros no podemos desprendernos de la creación de Dios. Mi creencia en la «independencia» era un error basado en mi erróneo concepto de Dios.
- No puedo alterar de ninguna manera el gran designio de Dios para su creación. Sus propósitos se han de cumplir independientemente de lo que yo quiera. Sin embargo, puedo expresarme en forma creativa de muchas maneras dentro del papel que me cabe en la creación de Dios.
- La suprema experiencia vital se genera cuando opto por expresarme en el marco de un propósito vital que está en armonía con la creación de Dios. Si escojo un propósito que no está en armonía con la creación de Dios, no estaré en armonía con los niveles más profundos de mí mismo.
- Mis opciones inciden de manera espectacular en la creación de mi propia percepción personal de la realidad.
- Los seres humanos tenemos tendencia a concentrarnos más en nuestras propias creaciones que en la de Dios. Recibimos lo que necesitamos, pero la forma en que entendemos nuestras necesidades está limitada por nuestros propios conceptos. Por lo tanto, somos muchos los que inconscientemente optamos por usar sólo una ínfima porción del poder de que potencialmente disponemos. Nos quedamos dentro de la limitadísima esfera de una entidad puesta al servicio de sí misma, en vez de optar por estar al servicio de la totalidad de la creación.
- Podemos optar por vernos como parte integral de la creación como tal, y darnos cuenta de que la creación de la cual formamos parte es en sí misma infinita.
- Un punto de vista individualista y puesto al servicio de uno mismo es necesariamente limitador, y en cuanto tal, atrae únicamente una limitada provisión de energía creativa.
- Podemos optar por vernos como seres que estamos al

servicio de la creación de Dios en vez de pensar que ella está a nuestro servicio. De este modo trascendemos la limitación de estar centrados en nosotros mismos y podemos desempeñar un papel que está en esta dimensión pero que no es de esta dimensión.

- A medida que vamos adquiriendo mayor conciencia de nuestra verdadera naturaleza espiritual, estamos cada vez menos fascinados por la mente y por el cuerpo físico. La percepción de la separación entre cuerpo y espíritu puede ayudarnos a entender la muerte a partir de esta dimensión física. Esta perspectiva tiende a reducir enormemente el miedo a la muerte.
- Cada aspecto de la creación de Dios es algo vivo y pensado para enseñarnos lo que necesitamos saber para llegar a ser lo que Dios quiere que seamos. Esto incluye ser una persona afectuosa, amable, bondadosa, solícita, alegre, compasiva y comprensiva, que obedece a Dios y está en armonía con sus creaciones.
- Tenemos la vivencia de la armonía cuando nuestras elecciones concuerdan con la creación de Dios. Este proceso es agradable, y el cuerpo se adapta a él sin dificultad.
- Al tomar decisiones establecemos relaciones recíprocas con la vida, la maestra, y obtenemos resultados significativos y específicos, que nos proporcionan siempre la oportunidad de aprender y de crecer. Como estudiantes de Dios, comprendemos que hay algunas respuestas más productivas que otras.
- A veces nos sentimos frustrados con la vida y nos parece imposible aprender algo sobre Dios. Esto puede afectar a nuestra voluntad de vivir o a nuestro deseo de seguir interactuando con la vida, pero podemos volver a elegir, y hacerlo de diferente manera.
- Como huésped de este planeta, estudiante de la vida y servidor devoto, puedo elegir una senda más auténtica y en esta dimensión experimentar la transformación física, el

júbilo y la armonía, entendiendo y aceptando aquí y ahora el amor de Dios.

Para terminar, me siento en la obligación de recordarle que he compartido con usted mis creencias sin otro fin que servirle y estimular sus pensamientos. Desde lo más profundo de mi interior ruego por usted, para que pueda beneficiarse de estas ideas y experiencias a medida que reconsidere de qué manera Dios influye en su vida.

Comentarios finales

Espero que esta última carta le haya proporcionado una visión más profunda de sus propias creencias, y que todas las cartas de Reid hayan sido un poderoso estímulo y una guía en su camino hacia la salud.

A estas alturas, si ha ido trabajando con el libro, habrá completado su plan de dos años para sanar, y tanto la meditación como la visualización se habrán convertido en parte de su actividad cotidiana. Esperemos que también haya reconocido algunas experiencias provenientes de su sabiduría interior y que su confianza en la capacidad de autocuración de su cuerpo se haya reforzado.

Pero el trabajo no ha terminado. Este libro forma parte de su proceso de llegar a ser quien es, un proceso que dura toda la vida. Compare sus emociones, pensamientos y creencias sobre el cáncer con los que tenía cuando inició este trabajo. Su actual actitud hacia su salud, ¿refleja cambios saludables en sus creencias?

A medida que continúe su camino hacia la curación, puede usar una y otra vez este libro. El único límite para su trabajo es su creatividad. Repase el índice de cartas, asígneles prioridades de acuerdo con sus necesidades actuales y vuelva a trabajar con todas y cada una de ellas. O escriba sus propias cartas, basadas en el trabajo que ha realizado con este libro. Aunque no se las mande a nadie, serán una estupenda manera de seguir observando sus propias creencias.

También puede usar las técnicas aprendidas en este libro para explorar otras posibles maneras de abordar la curación.

Quiero que sepa que Reid y yo apoyamos sinceramente sus esfuerzos, en la esperanza de que siga acrecentando su entendimiento, expandiendo su conciencia y abriendo su corazón al descubrimiento de todo lo que necesite saber para disfrutar de una buena salud y una vida gratificante.

Bibliografía médica

(Fondo de investigación para el capítulo 1)

Ader, R. y N. Cohen, «Behaviorally conditioned immunosuppression and systemic lupis erithematosis», *Science,* 19, marzo 1982, 215, págs. 1534-1536.

— «Conditioned immunopharmacologic effects», en: *Psychoneuroimmunology,* Nueva York, Academic Press, 1981.

Ader, R. y D. Felton, *Psychoneuroimmunology II,* Nueva York, Academic Press, 1990.

Berk, L. S., S. A. Tan, B. J. Napier y W. C. Eby, «Eustress of mirthful laughter modifies natural killer cell activity», *Clinical Research,* National Meeting, Washington D. C., 18 abril-1 mayo 1989.

Berk, L. S., S. A. Tan, S. Nehlsen-Cannarella, B. J. Napier, J. E. Lewis, J. W. Lee y W. C. Eby, «Humor associated laughter decreases cortisol and increases spontaneous lymphocyte blastogenesis», *Clinical Research,* 1988, 36, pág. 435A.

Berk, L. S., S. A. Tan, W. F. Fry, B. J. Napier, J. W. Lee, R. W. Hubbard, J. E. Lewis y W. C. Eby, «Neuroendocrine and stress hormone changes during mirthful laughter», *The American Journal of the Medical Sciences,* dic. 1989, 296, n.° 7, págs. 390-396.

Bullock, K., «Neuroanatomy of lymphoid tissue» comentario sobre Guillemin Cohn y Melnechuk, eds., *Neural Modulation of Immunity,* Nueva York, Raven, 1989, págs. 111-140.

Derogatis, L., M. Abeloff y N. Melisaratos, «Psychological coping mechanisms and survival time in metastatic breast cancer», *Journal of the American Medical Association,* 1979, 242, págs. 1504-1508.

Eysenck, H. J., «Health's character», *Psychology Today,* dic. 1984, vol. 22, págs. 28-32.

Felton, D. L., S. Livnat, S. L. Carlson, D. L. Bellinger y P. Yeh, «Sympathetic innervation of lymph nodes in mice», *Brain Research Bulletin,* dic. 1984, 13, págs. 693-699.

Greer, S. y P. J. M. McEwan eds., «Cancer and the mind», *Soc. Sci. Med.,* 1985, 20, págs. 771-853.

Grossarth-Maticek, Ronald, Jan Bastiaan y Dusan Kanazir, «Psychosocial factors as strong predictions of mortality from cancer, ischemic heart disease and stroke: Yugoslav Prospective Study», *Journal of Psychosomatic Research,* 1985, vol. 29, págs. 167-176.

Kiecolt-Glaser, J. K., W. Garner, C. E. Speicher, G. Penn y R. Glaser, «Psychosocial modifiers of immunocompetence in medical students», *Psychosomatic Medicine,* 1984, 46, págs. 7-14.

Klopfer, B., «Psychological variables in human cancer», *Journal of Projective Techniques,* 1957, 21, págs. 331-340.

LeShan, L., *Cancer as a Turning Point,* Nueva York, E. P. Dutton, 1989.

New York Academy of Science, «Psychophysiological aspects of cancer», 1969, vol. 125.

New York Academy of Science, «Psychological aspects of cancer», 1969, vol. 164.

Ornish, Dean, «Can lifestyle changes reverse coronary heart disease?», *Lancet,* jul. 21, 1990, 336 (8708), págs. 129-133.

Pert, C. B., «The wisdom of the receptors: neuropeptides, the emotions and bodymind», *Advances,* 1986, 3, págs. 8-16.

Pert, C. B., M. R. Ruff, R. J. Weber y M. Herkenham, «Neuropeptides and their receptors: a psychosomatic network», *Journal of Immunology,* 1985, 135, págs. 820s-826s.

Simonton, O. C. y S. Matthews-Simonton, «Belief systems and management of the emotional aspects of malignancy», *Journal of Transpersonal Psychology,* 1975, 7 (1), págs. 29-47.

Simonton, O. C., S. Matthews-Simonton y J. L. Creighton, *Getting well again,* Los Ángeles, Tarcher-St. Martins, 1978. [Hay traducción al castellano: *Recuperar la salud,* Raíces, Santander, 2.ª ed., 1990].

Simonton, O. C. y S. Matthews-Simonton, « Cancer and stress: counseling the cancer patient», *Med. Journal of Australia,* jun. 1, 1981, págs. 679-683.

Spiegel, D., H. C. Kraemer, J. R. Bloom, y E. Gottheil, «The effect of psychosocial treatment on survival of patients with metastatic breast cancer», *Lancet,* 1989, october 14, vol. II, 8668, págs. 888-891.

Thomas, C. B. y D. R. Duszynski, «Closeness to parents and the family constellation in a prospective study of five disease states: suicide, mental illness, malignant tumor, hypertension and coronary heart disease», *The Johns Hopkins Medical Journal,* 1973, 134, págs. 251-270.

Libros recomendados

Achterberg, Jeanne, *Imagery in Healing,* Boston, Shambhala, 1985.

Borysenko, Joan, *Minding the Body, Mending the Mind,* Nueva York, Bantam, 1988. [Hay traducción al castellano: *La salud física a través de la salud mental,* Deusto, Bilbao, 1989.]

Cousins, Norman, *Anatomy of an Illness,* Nueva York, Norton & Company, Inc., 1979. [Hay traducción al castellano: *Anatomía de una enfermedad,* Kairós, Barcelona, 1982.]

— *Head First: The Biology of Hope,* Nueva York, Dutton, 1989. [Hay traducción al castellano: *Principios de autocuración,* Urano, Barcelona, 1991.]

LeShan, L., *Cancer as a Turning Point,* Nueva York, Dutton, 1989.

Maultsby, Maxie C., *Rational Behavior Therapy,* New Jersey, Prentice Hall, 1984.

Rossi, E., *The Psychobiology of Mind-Body Healing,* Nueva York, Norton & Company, 1986.

Rossman, Martin L., *Healing Yourself: A Step-by-Step Program for Better Health Through Imagery,* Nueva York, Walker & Co., 1987.

Siegel, Bernie S., *Love, Medicine and Miracles,* Nueva York, Harper & Row, 1986. [Hay traducción al castellano: *Amor, medicina milagrosa,* Espasa-Calpe, Madrid, 1988.]

— *Peace, Love and Healing,* Nueva York, Harper & Row, 1989. [Hay traducción al castellano: *Paz, amor y autocuración,* Urano, Barcelona, 1990.]

Simonton, O. Carl, S. Matthews-Simonton y J. Creighton, *Getting Well Again,* Nueva York, Bantam, 1978. [Hay traducción al castellano: *Recuperar la salud,* Raíces, Santander, 2.ª ed., 1990.]

El Simonton Cancer Center

El Simonton Cancer Center proporciona información, tratamiento y grupos de preparación y apoyo para pacientes de cáncer y para profesionales de la medicina.

El programa para los pacientes se basa en el modelo de intervención y apoyo emocional que el doctor Simonton aplica con éxito en el tratamiento de pacientes cancerosos, y que se generó a partir de la idea de que las creencias, los sentimientos, las actitudes y el estilo de vida son factores importantes que afectan a la salud.

Cuando se produce la enfermedad, estos factores influyen también en la reacción del paciente ante el tratamiento médico y ayudan a determinar tanto la eficacia de este último como el nivel de confianza del paciente en el equipo médico.

El programa es una sesión educativa y psicoterapéutica para los pacientes de cáncer y sus personas de apoyo que dura cinco días y medio, tiempo durante el cual se examinan estos conceptos en una atmósfera de seguridad y apoyo, conducente a un aprendizaje y un cambio positivos. El programa se centra en la influencia de las creencias y de los sistemas de creencias. Los participantes aprenden técnicas para enriquecer su vida con el fin de promover su salud; se les ofrece consejo psicológico en relación con su estilo de vida, y se trabaja además con ejercicios de relajación y visualización (pensamiento creativo). Además, los participantes examinan el papel que desempeñan en la enfermedad la docilidad, los beneficios secundarios y otros factores que pueden contribuir a crearla. Se abordan también los problemas de la recurrencia y la muerte. Al profundizar en estos temas mediante el uso de procedimientos de grupo, los pacientes se capacitan para poner en práctica estos métodos en su vida cotidiana.

Nuestro enfoque no se propone reemplazar el tratamiento médico tradicional. Se generó originariamente como un complemento de cualquier tratamiento que estuvieran recibiendo los pacientes, con el fin de intensificar al máximo su potencial curativo recurriendo a su propia sabiduría interior.

El Simonton Cancer Center también tiene un programa intensivo de internado para profesionales de la medicina, y cuenta con programas de preparación de fin de semana que se pueden ofrecer a los interesados en su localidad (en los Estados Unidos).

El Simonton Cancer Center es una organización caritativa no lucrativa y los aportes a ella destinados son desgravables en el impuesto sobre la renta. Todas las contribuciones van directamente a un fondo de becas para la asistencia de pacientes cuya situación financiera no les permitiría de otra manera participar en estos programas.

Se puede obtener información adicional sobre nuestros programas escribiendo o telefoneando a:

The Simonton Cancer Center
P.O. Box 890
Pacific Palisades, CA 90272
Teléfono: (310) 459-4434

The Simonton Cancer Center Tape and Literature Department
[Departamento de cintas y libros]:
P.O. Box 1198
Azle, TX 76020
Teléfono: (800) 338-2360
Télex: (817) 444-4073